À L'ÉCOUTE DU CHRIST MISÉRICORDIEUX

Hélène Dumont

À L'ÉCOUTE DU CHRIST MISÉRICORDIEUX

Neuf jours avec sainte Faustine

Éditions de l'Emmanuel

(26, rue de l'Abbé-Grégoire, 75006 Paris)

ISBN 2-914083-86-6

INTRODUCTION

Au cours de ces quinze dernières années, le Seigneur m'a manifesté sa miséricorde de bien des façons. Cependant, avant d'avoir fait l'expérience de sa miséricorde, j'avais déjà découvert l'amour de Dieu, amour infini, amour vivant, amour de tendresse, amour qui transforme. Plus tard, la lecture du *Petit Journal* de sainte Faustine m'a profondément touchée en me révélant l'étendue de la bonté de Dieu pour tout homme et cette soif de son cœur de se manifester au monde.

Faustine, la Miséricorde et le pape Jean-Paul II

Sainte Faustine, dans le monde Hélène Kowalska, est née dans le village de Glogowiec (Pologne) le 25 août 1905. C'est la troisième de dix enfants d'une famille pauvre et pieuse. Dès l'enfance, elle se distingue par sa piété, son obéissance et une grande sensibilité à la misère humaine.

Elle ne fréquente l'école que trois ans, puis, à l'âge de seize ans, elle quitte la maison natale pour s'engager comme servante.

Elle avait entendu l'appel à la vocation religieuse dès l'âge de sept ans, et, lorsqu'à quinze ans elle veut entrer en communauté, ses parents s'y opposent. Ce refus lui cause un immense chagrin : elle essaye de s'adonner aux vanités du monde, mais n'y recueille aucune satisfaction.

Le 1er août 1923, alors qu'elle est au bal avec sa sœur, elle voit soudain Jésus tout couvert de plaies, qui lui dit : *Jusqu'à quand dois-je supporter que tu me trompes?* Cette vision la transporte dans un autre monde. Prétextant alors un mal de tête, elle quitte la soirée et va se réfugier à l'église. Là, devant le tabernacle, elle entend Jésus lui dire : *Va à Varsovie et entre au couvent.* Aussitôt, elle part pour Varsovie, n'emportant absolument rien. La Providence va veiller sur elle malgré des péripéties et enfin au bout d'un an, le 1er août 1925, âgée de vingt ans, elle entre chez les religieuses de Notre-Dame de la Miséricorde à Varsovie. Elle y vivra treize ans, sous le nom de sœur Marie Faustine et aura diverses fonctions : cuisinière, jardinière, tourière.

Cependant, le Seigneur lui a accordé des grâces extraordinaires : visions, révélations, stigmates cachés, don de prophétie, connaissance des secrets des âmes... et surtout il lui fait connaître le mystère profond de la Miséricorde divine, amour et compassion de Dieu pour tout homme. *Ma fille, les flammes de ma miséricorde me consument,* lui dit-il. *Je désire les déverser dans les cœurs humains.* Le Christ miséricordieux lui apparaît pour la première fois le 22 février 1931 dans sa cellule et lui demande de peindre un tableau le représentant : *Peins un tableau de ce que tu vois, avec l'inscription : Jésus, j'ai confiance en Toi. Je désire qu'on honore cette image, d'abord dans votre chapelle, puis dans le monde entier.*

Il lui enseigne la dévotion à la Divine Miséricorde et la charge de la répandre dans le monde entier. *Je t'envoie,* dit-il, *vers toute l'humanité avec ma miséricorde. Je ne veux pas punir l'humanité endolorie, mais je désire la guérir, en l'étreignant sur mon cœur miséricordieux.* Et encore : *Tu es la secrétaire de ma miséricorde, je t'ai choisie pour cette fonction dans cette vie et dans la vie future,* [...] *pour faire connaître aux âmes la grande miséricorde que j'ai envers elles, et les exhorter à la confiance en l'abîme de ma miséricorde.*

Sœur Faustine se rendait très bien compte que la sainteté ne dépendait pas des apparitions ou des visions, mais de la pratique des vertus unie à la dévotion à la Divine Miséricorde. La profondeur de sa vie spirituelle se révèle dans le *Petit Journal* qu'elle écrit régulièrement durant les quatre dernières années de sa vie à la demande expresse de Jésus. Sœur Faustine nous fait découvrir là les aspects saillants de la miséricorde divine et nous livre les cinq formes du culte de la Divine Miséricorde.

Confidente du Cœur de Jésus, c'est ainsi qu'elle a été choisie comme apôtre de la miséricorde de Dieu pour notre temps. « L'humanité ne trouvera pas de paix tant qu'elle ne se tournera pas avec confiance vers la Miséricorde de Dieu. »

Elle meurt le 5 octobre 1938 à l'âge de trente-trois ans des suites d'une tuberculose pulmonaire et intestinale.

Faustine a été la première canonisée de l'année sainte, le 30 avril 2000, deuxième dimanche de Pâques, où est lu le récit de l'apparition du Christ à Thomas dans l'évangile de saint Jean (20, 24-29). Jean-Paul II voulait mettre ainsi le début du troisième millénaire sous le signe de la miséricorde.

> La canonisation de sœur Faustyna revêt une éloquence particulière : par cet acte j'entends transmettre aujourd'hui ce message au nouveau millénaire. Je le transmets à tous les hommes pour qu'ils apprennent à connaître toujours mieux le vrai visage de Dieu et le vrai visage de leurs frères[1].
>
> Il est alors important que nous recevions entièrement le message qui provient de la Parole de Dieu en ce deuxième dimanche de Pâques qui, désormais, dans

1. JEAN-PAUL II, Homélie lors de la canonisation de sainte Maria Faustyna Kowalska, 20 avril 2000, n° 5, *La Documentation catholique* (abrégé *DC*), n° 2226 (21 mai 2000), p. 458.

toute l'Église, prendra le nom de « dimanche de la Miséricorde divine »[1].

Et toi, Faustyna, don de Dieu à notre temps, don de la terre de Pologne à toute l'Église, obtiens-nous de percevoir la profondeur de la miséricorde divine, aide-nous à en faire l'expérience vivante et à en témoigner auprès de nos frères. Que ton message de lumière et d'espérance se diffuse dans le monde entier, pousse les pécheurs à la conversion, dissipe les rivalités et les haines, incite les hommes et les nations à la pratique de la fraternité. Aujourd'hui, en tournant le regard avec toi vers le visage du Christ ressuscité, nous faisons nôtre ta prière d'abandon confiant et nous disons avec une ferme espérance : Jésus, j'ai confiance en toi[2] !

Le Saint-Père est un ardent apôtre de la miséricorde divine à la suite de sainte Faustine. Jeune prêtre, déjà très sensible à ce message, il allait souvent prier dans ce couvent. Devenu pape, il dédie en 1980 l'une de ses premières encycliques à ce thème (*Dives in misericordia*). Il voulait ainsi attirer l'attention de l'Église et du monde sur cet attribut de Dieu qu'est la miséricorde. Lors de son neuvième voyage en Pologne en août 2002, il consacre un nouveau sanctuaire à la Miséricorde divine près du couvent de Lagiewniki (faubourg de Cracovie) où vécut sainte Faustine. Et dans son désir de « transmettre au monde ce feu de la miséricorde[3] » le Pape a choisi de « confier solennellement le monde à la Divine Miséricorde[4] » comme il avait confié le troisième millénaire à Marie, le 8 octobre 2000, à Rome, lors du Jubilé des évêques. « Comme le

1. *Ibid.*, n° 4, p. 458.
2. *Ibid.*, n° 8, p. 459.
3. JEAN-PAUL II, Homélie au sanctuaire de la Divine Miséricorde à Lagiewniki, 17 août 2002, n° 5, *DC* 2277 (6 octobre 2002), p. 824.
4. *Ibid.*, p. 823.

monde d'aujourd'hui a besoin de la miséricorde de Dieu[1] ! » lança-t-il dans son homélie. Ainsi, pour Jean-Paul II, « l'heure est venue où le message de la Divine Miséricorde doit répandre l'espérance dans les cœurs et devenir l'étincelle d'une nouvelle civilisation : la civilisation de l'amour[2] ».

La démarche de l'ouvrage

Plusieurs ouvrages ont déjà permis de diffuser la dévotion à la Divine Miséricorde. Si celle-ci est centrale dans les révélations du Christ à sainte Faustine, le *Petit Journal* nous livre aussi de magnifiques pages où méditations, prières, poèmes et conversations avec le Christ se mêlent, déclinant à l'infini le thème de la miséricorde. Ce sont quelques-uns de ces trésors que j'ai désiré rendre accessibles à tous ceux qui disposent de peu de temps mais souhaitent néanmoins se laisser saisir par l'amour et la miséricorde de Dieu pour en témoigner ensuite auprès de leurs frères. Je les ai choisis parmi une foule d'autres parce qu'ils me paraissaient significatifs et très en lien avec la parole de Dieu.

Ces citations du *Petit Journal* sont classées par thèmes, dans la première partie, et constituent une retraite personnelle sur neuf jours. Chaque journée se conclut par quelques questions « pour aller plus loin dans la méditation » : le « je » que j'utilise, c'est moi, c'est vous, essayant de prier et de réfléchir à la lumière de ces messages. Enfin une prière de sainte Faustine achève la méditation. Nous pouvons nous l'approprier ou laisser l'Esprit Saint inspirer la nôtre. Pour rendre plus percutante les interpellations du

1. *Ibid.*
2. Id., Homélie au parc Blonia, 18 août 2002, 3, *DC* 2277, p. 826.

Christ, j'ai remplacé dans certains messages l'expression « ma fille » par « mon enfant », formule qui était également utilisée par le Christ. Pour faciliter la compréhension, les paroles du Christ sont imprimées en gras, et les réponses ou méditations de sainte Faustine en maigre. Chaque citation du *Petit Journal* est suivie de sa référence, entre parenthèses.

Cette démarche est progressive. Voici comment peut se comprendre l'enchaînement de ces thèmes.

Par sainte Faustine, le Christ veut manifester *l'amour de Dieu et sa miséricorde* (1) à tout homme. Il invite chacun à se tourner vers lui en toute *confiance* (2). La *Passion du Christ* (3) révèle la profondeur de sa miséricorde. Cet amour manifesté jusqu'à l'extrême par le choix de la Croix ne rejette pas le *pécheur* (4). La reconnaissance de l'amour de Dieu et de sa miséricorde, le manque de confiance en lui, la réalité du péché, invitent chacun à vivre le *sacrement de réconciliation* (5) pour s'ouvrir à une vie nouvelle. Celle-ci se nourrit de l'*Eucharistie* (6) où Jésus se donne à nous. Enfin, en *clôture de la retraite*, une consécration à Jésus miséricordieux est proposée (7).

Pour vivre pleinement de la miséricorde de Dieu et en témoigner auprès de nos frères en humanité, nous nous laisserons enseigner par le Christ et sainte Faustine, dans la deuxième partie. Pratiquer la miséricorde comprend plusieurs aspects dont la dévotion à la Divine Miséricorde.

Se mettre à l'écoute du Christ miséricordieux

À L'ÉCOUTE...

À maintes reprises dans l'histoire du peuple de Dieu, Dieu qui veut se faire proche de l'homme, l'invite à être attentif à sa parole. Dans l'évangile de Marc (12, 29), Jésus cite le Deutéronome (6, 4-5) : « Écoute,

Israël, notre Dieu est le seul Seigneur, tu aimeras le Seigneur ton Dieu de tout ton cœur, de toute ton âme, de toute ta force... » Dans un autre passage de la Bible, le jeune Samuel, couché dans le sanctuaire, répond ainsi à l'appel de Dieu : « Parle, Seigneur, ton serviteur écoute ! » (1 S 3, 10). Dieu, bien qu'invisible, s'adresse aux hommes comme à des amis et converse avec eux pour les inviter à entrer en communion avec lui. Il désire pour nous la vraie vie. Il est la source du bien, de la paix, du bonheur. Il veut combler notre besoin profond d'harmonie, notre soif intense d'entretenir des relations profondes et aimantes avec lui et avec ceux que nous aimons. « Celui qui m'écoute, dit le Seigneur, demeure en sécurité, il sera tranquille, sans craindre le malheur » (Pr 1, 33). Mais pour connaître cette nouvelle vie, il est nécessaire au préalable de se mettre à l'écart pour l'écouter. Comme les apôtres se retirèrent auprès du Christ à leur retour de mission (Mc 6, 31). Lors des retraites que sainte Faustine a suivies pendant sa vie de religieuse, le Christ lui a demandé d'avoir une écoute attentive à sa Parole.

Qui dit écoute, dit silence ! Ce livre est destiné à tous ceux qui vivent dans le monde. Il peut être lu dans les transports en commun, en vacances, sur un lit d'hôpital ou dans une chambre. Cependant, sa méditation nécessite une attitude intérieure. Le calme et le silence permettent d'être plus réceptif à Dieu. Bien sûr, Dieu est partout ; en ville comme à la campagne, dans la solitude d'un chemin de montagne comme dans le fourmillement d'une gare. Mais il se manifeste davantage à nous quand nous l'écoutons. Pour cela, nous avons besoin d'être tranquilles. Sachons faire silence en nous et autour de nous en supprimant les bruits extérieurs inutiles par exemple, la télévision, la radio... Ainsi nous serons disponibles pour Dieu et nous pourrons nous ouvrir à son amour en laissant jaillir l'Esprit Saint dans notre cœur. Entrer dans sa présence demande du recueillement. C'est pourquoi il sera bon de privilégier des temps de prière dans le silence pour que nos pensées se tournent vers Dieu, loin des conversations et des préoccupations matérielles. Et comme David nous pourrons dire : « Sur Dieu seul mon âme se repose, de lui vient mon salut » (Ps 62, 1).

... DU CHRIST MISÉRICORDIEUX

Le mot « miséricorde » vient du latin *misericordia*, de *misericors*, qui veut dire : « qui a le cœur (*cor*) sensible au malheur (*miseria*) ». Il s'agit donc de la sensibilité à la misère, au malheur d'autrui. Ainsi, Dieu a un cœur sensible à la misère et il se penche sur notre propre misère.

Déjà, dans l'Ancien Testament, Dieu a révélé sa miséricorde dès les origines du peuple qu'il s'est choisi, et tout au long de son histoire, ce peuple s'en est continuellement remis, dans ses malheurs comme dans la prise de conscience de son péché, au Dieu des miséricordes. Par exemple dans la finale du prophète Michée (7, 18-20) : « Quel est le Dieu comme toi, qui enlève la faute, qui pardonne le crime, qui n'exaspère pas pour toujours sa colère, mais qui prend plaisir à faire grâce ? Une fois de plus, aie pitié de nous ! Foule aux pieds nos fautes, jette au fond de la mer tous nos péchés ! Accorde à Jacob ta fidélité, à Abraham ta grâce, que tu as jurées à nos pères dès les jours d'antan » ; ou bien dans ce texte de Daniel (9, 8) qui est proposé à la méditation des fidèles en temps de carême : « Seigneur, à nous la honte au visage, à nos rois, à nos chefs, à nos pères, parce que nous avons péché contre toi. Au Seigneur notre Dieu, la miséricorde et le pardon, car nous nous sommes révoltés contre lui, nous n'avons pas écouté la voix du Seigneur, notre Dieu ; nous n'avons pas suivi les lois qu'il nous proposait par ses serviteurs les prophètes. » Et Dieu inlassablement fait grâce : « Comment t'abandonnerais-je, Éphraïm, te livrerais-je, Israël ? Mon cœur en moi est bouleversé, toutes mes entrailles frémissent. Je ne donnerai pas cours à l'ardeur de ma colère » (Os 11, 8-9).

Au seuil du Nouveau Testament, la Vierge Marie exulte de joie et reconnaît dans le *Magnificat* le don de la miséricorde ; elle proclame que « sa miséricorde s'étend d'âge en âge » (Lc 1, 50). Ainsi, toute l'Écriture Sainte nous parle de la miséricorde de Dieu.

Jésus, dans son Incarnation, par ses paroles et par ses actes, manifeste le Cœur miséricordieux de Dieu. Mais c'est dans sa passion, sa mort et sa résurrection que nous sont révélés avec le plus d'intensité l'amour et la miséricorde de Dieu.

La miséricorde prend en compte la profondeur de la misère et des besoins particuliers. Elle considère chaque situation et y donne une réponse adaptée. Le bon Samaritain s'est arrêté près de l'homme blessé sur la route de Jérusalem à Jéricho, il s'est approché, il a soigné ses plaies, l'a mis sur sa monture, et l'a amené jusqu'à un lieu de repos et de convalescence (Luc 10, 30-37). Pourquoi l'a-t-il fait ? Parce qu'il a été ému de compassion. La compassion, c'est le mouvement d'un cœur qui souffre avec le blessé, qui s'identifie avec le souffrant. Quand Jésus a interpellé Saul de Tarse, le persécuteur des chrétiens, sur la route de Damas, c'est sa miséricorde qui l'a arrêté : « Jésus est venu dans le monde pour sauver les pécheurs dont moi, je suis le premier. Mais miséricorde m'a été faite » (1 Tm 1, 15-16). Aujourd'hui encore, « Dieu [...] fait miséricorde » (Rm 9, 15-16), car il est le « Père des miséricordes ». « Lorsque Dieu, notre Sauveur, a manifesté sa bonté et sa tendresse pour les hommes, il nous a sauvés. Il l'a fait dans sa miséricorde... » (Tt 3, 4-5).

*

À travers cet ouvrage, laissons-nous interpeller par le Seigneur, attirer par l'amour ardent du Cœur de Jésus. Mettons-nous à son école, car il est doux et humble de cœur et nous trouverons le repos (Mt 11, 28). Le Seigneur nous aime malgré nos misères, il nous aime malgré nos pauvretés et nos fautes. Plus nous aurons conscience de nos misères, de nos pauvretés, de nos fautes, plus il pourra manifester en surabondance son amour et sa tendresse. Il est capable de se pencher sur chaque enfant prodigue, sur chaque misère morale et sur notre péché. Il désire nous assister de sa grâce, nous consoler, nous guérir, nous délivrer. Acceptons de nous laisser transformer par lui et de le laisser agir en nous. « Avançons-nous donc avec pleine assurance vers le trône de la grâce, afin d'obtenir miséricorde et de trouver grâce, pour être aidés en temps voulu. » (He 4, 16).

*

Enfin, faisons nôtre la prière par laquelle Jean-Paul II, le 17 août 2002, à Cracovie, confiait le monde à la Miséricorde divine.

« Dieu, Père miséricordieux,
qui as révélé Ton amour dans Ton Fils Jésus Christ,
et l'as répandu sur nous
dans l'Esprit Saint Consolateur,
nous te confions aujourd'hui le destin du monde
et de chaque homme.
Penche-toi sur nos péchés,
guéris notre faiblesse,
vaincs tout mal,
fais que tous les habitants de la terre

fassent l'expérience de Ta Miséricorde,
afin qu'en Toi, Dieu Un et Trine,
ils trouvent toujours la source de l'espérance.
Père éternel, par la douloureuse Passion
et la Résurrection de Ton Fils,
accorde-nous Ta Miséricorde,
ainsi qu'au monde entier.
Amen [1]. »

---

1. JEAN-PAUL II, Homélie au sanctuaire de la Divine Miséricorde, déjà citée., n° 6, p. 824.

PREMIÈRE PARTIE

À L'ÉCOUTE DU CHRIST MISÉRICORDIEUX

UNE RETRAITE PERSONNELLE

« Arrête-toi, maintenant, et je te ferai entendre la parole de Dieu. »

1 S 9, 27.

Aujourd'hui, en ce début de retraite, Dieu nous propose un nouveau départ qui va nous conduire vers un renouvellement de notre vie baptismale. Mettons nous en route avec docilité, fidélité et confiance et demandons lui sincèrement de se révéler à nous au cours de cette retraite.

Aujourd'hui, le Seigneur m'a dit : **Tu feras trois jours de retraite avant la venue du Saint-Esprit. Je vais te guider moi-même. Tu ne vas t'en tenir à aucune des obligations qui sont de règle pendant les retraites, ni utiliser de livres pour la méditation. Tout ce que tu as à faire est de prêter une oreille attentive à mes paroles. Comme lecture spirituelle, tu liras un chapitre de l'évangile de saint Jean.** (1709.)

Mon enfant, cette retraite sera une contemplation ininterrompue, je te ferai entrer dans cette retraite comme à un festin spirituel. Auprès de mon cœur miséricordieux tu méditeras toutes les grâces qu'a connues ton cœur, et une profonde paix accompagnera ton âme. Je désire que le regard de ton âme soit toujours fixé sur ma sainte volonté, c'est ainsi que tu me plairas le plus. Aucun sacrifice ne peut entrer en comparaison avec celui-ci. (1327.)

Au cours de cette retraite, je t'accorde non seulement la paix, mais aussi une telle disposition d'âme que, même si tu voulais t'inquiéter, tu ne le

pourrais pas. Mon amour s'est emparé de ton âme et je veux que tu t'y affermisses. Approche ton oreille de mon cœur, oublie tout et contemple mon inconcevable miséricorde. Mon amour te donnera la force et le courage qui te sont nécessaires dans ces affaires. (229.)

PRIÈRE

Jésus, mon Maître, aide-moi à accomplir ces saints exercices de retraite avec le plus de ferveur possible. Que ton Esprit me guide, ô Dieu, dans une profonde connaissance de toi, Seigneur, ainsi que dans une profonde connaissance de moi-même, car je T'aime dans la proportion où je Te connais. Je me méprise dans la proportion où j'ai connaissance de ma misère. Je sais que tu ne me refuseras pas ton aide, Seigneur. Je désire sortir sainte de cette retraite, même si les regards humains ne peuvent l'apercevoir. Je m'abandonne entièrement à l'action de ta grâce, que ta volonté, s'accomplisse complètement en moi. (1326.)

1

AMOUR DE DIEU ET MISÉRICORDE

Premier jour

« D'un amour éternel, je t'ai aimé. »

Jr 31, 3.

Tout ce qu'est Dieu, tout ce qu'il fait, est d'une profondeur infinie, insondable. Pourtant, il désire que des êtres limités comme nous en perçoivent et admirent l'étendue. En particulier, il veut nous faire connaître son amour : gratuité et générosité que cet amour qui s'adresse à chacun ! Il ne s'appuie pas sur nos mérites, mais il est pure grâce ! Laissons-nous saisir, envelopper par l'amour de Dieu. Accueillons-le comme un don pour nous-même.

Réfléchis, mon enfant, qui est celui auquel ton cœur est étroitement uni [...]. Avant de créer le monde, je t'aimais de l'amour que ton cœur éprouve aujourd'hui, et durant les siècles entiers, mon amour ne changera jamais. (1754)

Ô Majesté inconcevable, l'éternité ne me suffira pas pour Te connaître... Cependant mon amour pour Toi est devenu plus puissant. Comme preuve de ma gratitude, je dépose mon cœur à Tes pieds, comme un bouton de rose, que son parfum charme Ton divin Cœur maintenant et durant l'éternité... Quel paradis habite l'âme lorsque le cœur sent qu'il est tellement aimé par Dieu... (1756.)

Aujourd'hui, tu liras l'évangile de saint Jean, chapitre 15. Je désire que tu lises très lentement.

APPLICATION. – *Lire le chapitre 15 de saint Jean selon les indications de Jésus.*

*

Aujourd'hui pendant l'Angélus, le Seigneur m'a fait comprendre l'inconcevable amour de Dieu envers les hommes. Il nous élève jusqu'à sa Divinité. Il s'inspire uniquement de son amour et de son insondable miséricorde. (1172.)

Je ne suis qu'amour et miséricorde ; il n'y a pas de misère qui puisse se mesurer à ma miséricorde, ni de misère qui puisse en venir à bout puisqu'au moment de se communiquer, ma miséricorde s'amplifie. L'âme qui fait confiance à ma miséricorde est la plus heureuse, car je prends moi-même soin d'elle. (1273.)

Aujourd'hui, pendant l'heure sainte, Jésus s'est plaint à moi de l'ingratitude des âmes : **Pour mes bienfaits, j'obtiens l'ingratitude ; pour l'amour j'obtiens l'oubli et l'indifférence. Mon cœur ne peut supporter cela.** (1537.)

Mon cœur déborde d'une grande miséricorde pour les âmes et particulièrement pour les pauvres pécheurs. Si elles pouvaient comprendre que je suis pour elles le meilleur Père, que c'est pour elles que le sang et l'eau ont jailli de mon cœur comme d'une source débordante de miséricorde ; pour elles je demeure dans le tabernacle, comme Roi de miséricorde je désire combler les âmes de grâces, mais elles ne veulent pas les accepter. Toi, au moins, viens vers moi le plus souvent possible et prends ces grâces qu'elles ne veulent pas, ainsi tu consoleras mon cœur. Oh ! combien est grande l'indifférence des âmes pour tant de bonté, tant de preuves d'amour ; mon cœur n'est abreuvé que d'ingratitude, d'oubli de la part des âmes qui

vivent dans le monde ; elles ont du temps pour tout, mais elles n'ont pas de temps pour venir vers moi, ni pour chercher des grâces. (367.)

Je désire me donner aux âmes et les emplir de mon amour, mais il y a peu d'âmes qui voudraient recevoir toutes les grâces que mon amour leur a destinées. Ma grâce ne se perd pas ; si l'âme à laquelle elle est destinée ne la reçoit pas, c'est une autre âme qui la prend. (1017.)

L'amour, l'amour et encore une fois l'amour de Dieu, il n'y a rien qui lui soit supérieur, ni au ciel, ni sur la terre. La plus grande grandeur, c'est : aimer Dieu. Tout ce qui est grand et beau est en Dieu ; en dehors de Dieu, il n'y a ni beauté ni grandeur. Ô sages de ce monde et grands esprits, reconnaissez que la vraie grandeur réside dans l'amour pour Dieu. Oh ! comme je suis étonnée que certaines personnes s'abusent elles-mêmes en disant qu'il n'y a pas d'éternité ! (990.)

Dieu m'a fait comprendre en quoi consiste le véritable amour, et Il m'a accordé la lumière pour que je sache comment je dois le Lui témoigner en pratique. Le véritable amour de Dieu consiste à accomplir la volonté divine. Pour manifester l'amour de Dieu dans nos actions, il faut que toutes, mêmes les plus petites, découlent de notre amour pour Dieu. (279.)

POUR ALLER PLUS LOIN DANS LA MÉDITATION...

- *Est-ce que je crois à l'amour de Dieu pour moi ?*
- *Suis-je disposé à accueillir l'amour de Dieu ?*
- *Qu'est-ce qui dans ma vie a besoin d'être transformé pour mieux répondre à l'amour de Dieu ?*

Je peux présenter au Seigneur mes peurs, mes craintes, mes doutes...

PRIÈRE D'ADORATION

Je T'adore, Créateur et Seigneur, dans le Saint Sacrement. Je T'adore pour toutes les œuvres de Tes mains dans lesquelles apparaît tant de sagesse, de bonté et de miséricorde. Ô Seigneur, Tu as semé tant de beauté par toute la terre, et elle me parle de Ta beauté, bien qu'elle ne soit que Ton faible reflet, inconcevable Beauté !

Quoique Tu Te sois caché et dissimulé et que Tu aies dissimulé Ta beauté, mon œil illuminé par la foi T'atteint et mon âme reconnaît son Créateur, son Bien suprême, et mon cœur entier sombre dans la prière de louange.

Ô mon Créateur et Seigneur, Ta bonté m'a encouragée à Te parler ; Ta miséricorde fait disparaître l'abîme qui existe entre nous, qui sépare le Créateur de Sa créature. Parler avec Toi, ô Seigneur, est le délice de mon cœur ; en Toi je trouve tout ce que mon cœur peut désirer. Là Ta lumière éclaire mon esprit et le rend capable de Te connaître plus profondément. Sur mon cœur les grâces se déversent à torrents, là mon âme puise la vie éternelle. Amen. (1692.)

2

CONFIANCE EN DIEU

Deuxième jour

> « Il n'y a pas de crainte dans l'amour ; au contraire, le parfait amour bannit la crainte. »
>
> 1 Jn 4, 18.

La confiance est au cœur du message du Christ à sainte Faustine. Il veut ranimer dans les cœurs la confiance la plus profonde en sa miséricorde. Celui ou celle qui fait confiance au Christ expérimente une paix profonde en Dieu. Non seulement il n'a plus peur de Dieu mais il l'aime et se réjouit de le connaître.

Ma confiance dans Son Cœur très miséricordieux est sans bornes. Je lui suis continuellement unie. Je vois que c'est comme si Jésus ne pouvait pas être heureux sans moi, ni moi sans Lui. Je comprends bien cependant qu'étant Dieu Il est heureux en Lui-même, et que pour son bonheur Il n'a besoin d'absolument aucune créature, mais Sa bonté Le contraint à Se donner à Sa créature, et cela avec une inconcevable générosité. (244.)

L'humanité ne trouvera pas la paix tant qu'elle ne se tournera pas avec confiance vers ma miséricorde. Oh ! combien l'incrédulité de l'âme me blesse. Une telle âme professe que je suis saint et juste mais ne croit pas que je suis miséricorde, elle se défie de ma bonté. Les démons aussi exaltent ma justice, mais ils ne croient pas en ma bonté. Mon cœur se réjouit de ce titre de miséricorde. (300.)

Aujourd'hui, tout d'un coup le regard du Seigneur m'a transpercée comme un éclair, alors j'ai vu les plus petits grains de poussière dans mon âme, et voyant jusqu'au fond mon néant, je tombai à genoux et je demandai pardon au Seigneur, et avec une grande confiance je me jetai dans Son infinie miséricorde. Une telle connaissance ne me déprime pas, ni ne m'éloigne du Seigneur, mais elle éveille plutôt dans mon âme un plus grand amour et une confiance sans bornes, et le repentir de mon cœur est uni à l'amour. (852.)

Aujourd'hui, le Seigneur m'a dit : **Mon enfant, ma délectation et ma prédilection, rien ne m'empêchera de t'accorder des grâces. Ta misère ne gêne en rien ma miséricorde. Mon enfant, plus grande est la misère, plus elle a le droit à ma miséricorde ; que les âmes aient confiance en l'inconcevable abîme de ma miséricorde, car je désire les sauver toutes. La source de ma miséricorde a été largement ouverte par la lance sur la Croix pour toutes les âmes ; je n'ai exclu personne.** (1182.)

POUR ALLER PLUS LOIN DANS LA MÉDITATION...

- *Et moi, ai-je confiance en Dieu ?*
- *Est-ce que je crois que sa miséricorde est plus grande que ma misère ?*
- *Ai-je été marqué dans mon enfance, par mon éducation, par un Dieu de justice, de colère ou par un Dieu indifférent ?*

Maintenant, je présente au Seigneur, toutes ces fausses images de Dieu qui m'empêchent d'avoir confiance et de rentrer dans cette communion d'amour qui m'est proposée.

Je demande au Seigneur de venir les visiter et les guérir de son amour miséricordieux.

PRIÈRE

Ô Seigneur, Bonté inconcevable, tu connais à fond notre misère et tu sais que nous ne pourrions de nos propres forces nous élever jusqu'à Toi ; c'est pourquoi, nous T'en supplions, devance-nous de Ta grâce et augmente sans cesse en nous Ta miséricorde, afin que nous accomplissions fidèlement Ta sainte volonté durant toute notre vie, ainsi qu'à l'heure de notre mort. Que la toute-puissance de Ta miséricorde nous abrite des attaques des ennemis de notre salut, afin que nous attendions avec confiance, comme Tes enfants, Ta venue dernière, dont le jour est connu de Toi seul.

Et nous nous attendons à recevoir tout ce qui nous est promis par Jésus, malgré toute notre misère, car Jésus est notre espérance ; par Son Cœur miséricordieux, nous passons comme par les portes ouvertes du ciel. (1570.)

Troisième jour

> « Et l'espérance ne déçoit point parce que l'amour de Dieu a été répandu dans nos cœurs par le Saint-Esprit qui nous fut donné. »
>
> Rm 5, 5.

Vivre dans la confiance est source de sanctification. Le Seigneur veut établir une paix et une joie profondes dans notre âme que n'altèrent pas les circonstances car elles trouvent leur fondement en Dieu.

Ta ferme décision de devenir sainte m'est excessivement agréable. Je bénis tes efforts et je te procurerai l'occasion de te sanctifier. Sois vigilante, afin que ne t'échappe aucune des occasions de sanctification que t'enverra ma providence. Si tu ne réussis pas à profiter de l'occasion en question, ne perds pas ton calme, mais abaisse-toi profondément devant moi et avec une grande confiance, plonge-toi tout entière dans ma miséricorde, et de cette façon tu gagneras plus que tu n'auras perdu, car on donne généreusement à une âme humble : plus qu'elle ne demande elle-même. (1361.)

Aujourd'hui le Seigneur m'a fait connaître intérieurement qu'il ne m'abandonnera pas. Il m'a fait voir Sa majesté, Sa sainteté, en même temps que Son amour et Sa miséricorde envers moi, et une plus profonde connaissance de ma misère ; cependant cette grande misère qui est mienne ne m'enlève pas la confiance, mais tout au contraire, dans la mesure où je connaissais ma misère, ma confiance en la miséricorde de Dieu se fortifiait. J'ai compris que tout cela dépend du Seigneur ; je sais que personne ne touchera un seul de mes cheveux sans sa volonté. (1406)

J'ai ouvert mon cœur en tant que source vivante de miséricorde ; que toutes les âmes y puisent la vie, qu'elles s'approchent de cet océan de miséricorde avec une très grande confiance. Les pécheurs obtiendront justification et les justes seront affermis dans le bien. Celui qui a mis sa confiance en ma miséricorde, à l'heure de la mort j'emplirai son âme de ma divine paix. (1520.)

Je désire que les âmes se distinguent par une confiance illimitée en ma miséricorde. Je m'occupe moi-même de la sanctification de ces âmes, je leur procure tout ce qui peut-être nécessaire à leur sainteté. Les grâces de ma miséricorde se puisent à l'aide d'un unique moyen, et c'est la confiance. Plus sa confiance est grande, plus l'âme reçoit. Les âmes d'une confiance sans bornes me sont une grande joie, car je verse en elles le trésor entier de mes grâces. Je me réjouis qu'elles demandent beaucoup, car mon désir est de donner beaucoup et donner abondamment. Par contre, je m'attriste si les âmes demandent peu, si elles resserrent leur cœur. (1578.)

Combien je désire le salut des âmes ! Écris que je désire répandre ma vie divine dans les âmes humaines et les sanctifier, pourvu qu'elles veuillent seulement accepter ma grâce. Les plus grands pécheurs arriveraient à une haute sainteté, si seulement ils avaient confiance en ma miséricorde. Mes entrailles débordent de miséricorde et elle est répandue sur tout ce que j'ai créé. C'est mon délice d'agir dans l'âme humaine, de la combler de ma miséricorde et de la justifier. Mon royaume sur terre est ma vie dans l'âme humaine. Je suis moi-même directement le directeur des âmes, et indirectement je les dirige par le prêtre et je mène chacune à la sainteté par un chemin qui n'est connu que de moi. (1784.)

POUR ALLER PLUS LOIN DANS LA MÉDITATION...

• *Suis-je prêt à accepter toute la lumière sur ma vie ?*

• *Suis-je prêt à présenter à Dieu toute ma misère (acte, événement, péché) ? En vérité quelle est cette misère qui est la plus présente en moi ? M'empêche-t-elle d'avoir pleinement confiance en Dieu ?*

• *Est-ce que je crois que le Seigneur m'invite à avancer sur le chemin de la sainteté ?*

Je présente au Seigneur cet acte ou ces actes, cet événement ou ces événements douloureux de ma vie pour qu'il vienne me manifester sa miséricorde et que ma confiance en lui grandisse.

PRIÈRE

Ô Jésus, ne me laisse pas seule dans la souffrance. Toi Seigneur, Tu sais combien je suis faible, je suis un abîme de misère, le néant même, qu'y aurait-il donc d'étonnant à ce que Tu me laisses seule et que je tombe ? Je suis impuissante, Seigneur, je ne sais pas me débrouiller, cependant au-delà de tous les abandons j'ai confiance et en dépit de mon sentiment j'ai confiance, et je me transforme toute en confiance en dépit de ce que je ressens parfois. Fais de moi ce qu'il Te plaît, Seigneur, donne-moi seulement la grâce de savoir T'aimer dans tous les cas et en toutes circonstances. Ne diminue pas, Seigneur, l'amertume du calice, donne-moi seulement la force de pouvoir le vider.

Par-dessus tout, j'ai confiance en Toi, Jésus, car tu es immuable. Mon humeur est changeante, mais Toi, Tu es toujours le même, plein de miséricorde. (1489.)

3

PASSION DU CHRIST ET MISÉRICORDE

Quatrième jour

> « La preuve que Dieu nous aime, c'est que le Christ, alors que nous étions encore pécheurs, est mort pour nous. »
>
> Rm 5, 8.

La passion du Christ nous révèle plus pleinement la miséricorde, c'est-à-dire l'amour qui s'oppose au mal, au péché, à la mort. Jésus a expié nos péchés sur la croix. Osons l'accompagner aujourd'hui sur ce chemin, et laissons notre cœur se repentir et se remplir de compassion pour tant de souffrances.

Mon enfant, médite aujourd'hui ma douloureuse passion, toute son immensité ; médite-la comme si elle n'était endurée que pour toi. (1761.)

Jésus m'a dit que je lui serai le plus agréable lorsque je méditerai Sa douloureuse passion, et que cette méditation ferait descendre sur mon âme de nombreuses lumières. Que celui qui veut apprendre la véritable humilité médite la passion de Jésus. Quand je médite la passion de Jésus, j'ai une claire conception de beaucoup de choses que je ne pouvais comprendre auparavant. Je veux être semblable à Toi, Jésus, à Toi crucifié, supplicié, humilié. Jésus, imprime en mon âme et en mon cœur Ton humilité. Je T'aime, Jésus, à la folie, toi, anéanti, tel que le prophète Te montre[1], comme s'il ne

1. Cf. Isaïe, 53, 2-9.

pouvait plus discerner en Toi l'être humain, si grandes étaient Tes douleurs. C'est dans cet état que je T'aime, Jésus, à la folie. Dieu éternel et infini, qu'a fait de toi l'amour... ? (267.)

Quand je me plonge dans la passion du Seigneur, pendant l'adoration je vois souvent le Seigneur Jésus de la façon suivante. Après la flagellation, les bourreaux emmenèrent le Seigneur et lui ôtèrent son vêtement, qui déjà collait à Ses plaies. Celles-ci se rouvrirent pendant qu'ils ôtaient le vêtement. Alors on jeta sur les épaules du Seigneur et sur Ses plaies ouvertes un manteau rouge, sale et déchiré. Ce manteau atteignait à peine les genoux à certains endroits. On fit asseoir le Seigneur sur une poutre, puis on tressa une couronne d'épines, qu'on Lui posa sur la tête, et on Lui mit dans la main un roseau, et tous se moquaient de Lui et Lui rendaient hommage comme à un roi, ils lui crachaient au visage, d'autres prenaient le roseau et le frappaient à la tête, d'autres lui faisaient mal à coups de poing, d'autres encore lui voilaient la face et le frappaient à coups de poing ; Jésus supportait tout en silence. Qui comprendra Sa douleur ? Jésus avait le regard baissé ; j'ai ressenti ce qui se passait alors dans son Cœur très doux. Que chaque âme médite ce que Jésus souffrait à cet instant. C'était à qui insulterait Jésus le premier. Je me demandais d'où venait une telle méchanceté dans l'homme : c'est le péché qui agit ainsi ; l'Amour et le péché se sont rencontrés. (408.)

Quand je suis venue à l'adoration, un recueillement intérieur me saisit immédiatement et j'aperçus Jésus attaché à un poteau, dépouillé de ses vêtements, et tout de suite la flagellation commença. J'ai vu quatre hommes qui, tour à tour, frappaient le Seigneur avec des fouets. Le cœur me manquait en regardant ce supplice ; le Seigneur me dit alors ces paroles : **Je souffre encore une plus grande douleur que celle que tu**

vois. Et Jésus me fit connaître pour quels péchés Il s'est soumis à la flagellation : ce sont les péchés d'impureté. Oh ! combien Jésus a-t-il souffert moralement quand Il se soumit à la flagellation ! Il me dit alors : **Regarde, et vois le genre humain dans son état actuel.** Et au même instant, je vis des choses horribles : les bourreaux abandonnèrent Jésus et d'autres personnes procédèrent à la flagellation, elles saisirent les fouets et frappèrent le Seigneur sans miséricorde. (445.)

Aujourd'hui, pendant la Passion, j'ai aperçu Jésus supplicié, couronné d'épines, Il tenait à la main une tige de roseau. Jésus se taisait et les soldats se bousculaient pour Le torturer. Jésus ne disait rien, Il me regardait seulement ; dans ce regard j'ai ressenti un tel supplice que nous n'avons même pas idée de ce que Jésus a souffert pour nous avant d'être crucifié. Mon âme est pleine de douleur et de nostalgie ; j'ai éprouvé en mon âme une violente haine pour le péché ; la plus petite infidélité me semble une haute montagne, je l'expie par la mortification et la pénitence. Lorsque je vois Jésus supplicié, mon cœur se déchire en lambeaux, je me demande : qu'adviendra-t-il des pécheurs s'ils ne profitent pas de la passion de Jésus. Je vois dans Sa passion tout un océan de miséricorde. (948.)

Aujourd'hui, je suis entrée dans l'amertume de la passion du Seigneur Jésus ; j'ai souffert de façon purement spirituelle, j'ai compris combien le péché est horrible. Le Seigneur m'a fait connaître toute l'aversion pour le péché. Intérieurement, au plus profond de mon âme, j'ai réalisé à quel point le péché est terrible, même le plus minime, combien il tourmentait l'âme de Jésus. Je préférerais souffrir mille enfers plutôt que de commettre le moindre péché véniel. (1016.)

Aujourd'hui, mon enfant, comme lecture, tu prendras le chapitre 19 de l'évangile de saint

Jean, et lis non seulement des lèvres, mais avec ton cœur... (1765.)

Application. – Lire l'évangile de saint Jean, chapitre 19, selon les demandes de Jésus.

POUR ALLER PLUS LOIN DANS LA MÉDITATION...

• *Est-ce que je redoute la lecture du texte de la Passion dans l'Évangile ? Pourquoi ?*

• *Est-ce que je vis dans la crainte ou dans l'ignorance la Semaine sainte ?*

• *Est-ce que j'ai compris que la passion du Christ manifeste l'amour de Dieu pour moi ?*

PRIÈRE

Ô mon Jésus, donne-moi une raison grande et éclairée par Ta lumière, et cela uniquement dans le but de mieux Te connaître, ô Seigneur, car plus je Te connaîtrai, plus ardemment je T'aimerai, unique objet de mon amour. En Toi sombre mon âme, en Toi se fond mon cœur ; je ne sais pas aimer à moitié, mais de toute la force de mon âme et de toute l'ardeur de mon cœur. (1030.)

Cinquième jour

> « L'amour du Christ nous saisit quand nous pensons qu'un seul est mort pour tous, et qu'ainsi tous ont passé par la mort. Car le Christ est mort pour tous afin que les vivants n'aient plus leur vie centrée sur eux-mêmes mais sur Lui qui est mort et ressuscité pour eux. »
>
> 2 Co 5, 14-15.

La méditation de la Passion est source de conversion et de sanctification. En contemplant le Christ souffrant, nous apprenons de lui l'humilité et la douceur ; nous pourrons ainsi renoncer à notre ingratitude et à notre indifférence face à tant d'amour et de bonté pour nous.

Lorsque je fais le chemin de croix, à la douzième station, je ressens une profonde émotion. Là, je mesure la toute-puissance de la miséricorde de Dieu qui passa par le Cœur de Jésus. Dans cette plaie ouverte du Cœur de Jésus, j'enferme toute la pauvre humanité... et les personnes que j'aime ; je fais cela chaque fois que je fais le chemin de croix. De cette source de miséricorde sont sortis ces deux rayons, c'est-à-dire le sang et l'eau, par l'immensité de leur grâce ils submergent le monde entier... (1309.)

Aujourd'hui, pendant la sainte messe, j'ai vu le Seigneur Jésus dans les souffrances, comme s'Il agonisait sur la Croix. Il m'a dit : **Mon enfant, médite souvent les souffrances que pour toi j'ai subies, et rien de ce que tu souffres pour moi ne te semblera extra-**

ordinaire. C'est lorsque tu médites ma douloureuse passion que tu me plais le plus ; joins tes petites souffrances à ma douloureuse passion, afin qu'elles prennent une valeur infinie devant ma majesté. (1512.)

J'ai compris, dans la méditation, qu'il faut se cacher le plus profondément possible dans le Cœur de Jésus. Méditer sa douloureuse passion et pénétrer les sentiments de son divin Cœur rempli de miséricorde pour les pécheurs. Pour leur obtenir cette miséricorde, je vais m'anéantir à chaque moment, vivant de la volonté de Dieu. (1621.)

Pendant la sainte messe, j'ai aperçu Jésus étendu sur la Croix. Il m'a dit : **Mon élève, aie un grand amour pour ceux qui te font souffrir, fais du bien à ceux qui te haïssent.** J'ai répondu : Ô mon Maître, tu vois bien que je n'ai pas de sentiment d'amour pour eux, et cela me peine. Jésus m'a répondu : **Le sentiment n'est pas toujours en ton pouvoir ; tu reconnaîtras que tu as de l'amour lorsqu'après avoir éprouvé des contrariétés et des contradictions, tu ne perds pas ton calme, mais tu pries pour ceux qui t'ont fait souffrir, et tu souhaites leur bien.** (1628)

Regarde en mon cœur empli d'amour et de miséricorde pour les hommes et particulièrement pour les pécheurs. Regarde et entre dans ma passion. En un instant, j'ai ressenti et j'ai vécu dans mon propre cœur toute la passion de Jésus ; j'étais étonnée que ces supplices ne m'enlèvent pas la vie. (1663.)

Pendant l'adoration, Jésus me dit : **Sache, mon enfant, que ton amour ardent et ta compassion furent une consolation pour moi au Jardin des Oliviers.** (1664.)

Pendant l'heure sainte, le soir, j'ai entendu ces paroles : **Tu vois ma miséricorde pour les pécheurs**

qui se révèle en ce moment dans toute sa puissance. Vois comme tu as peu écrit sur elle, ce n'est seulement qu'une goutte. Fais ce qui est en ton pouvoir pour que les pécheurs connaissent ma bonté. (1665.)

Vendredi saint. J'ai vu le Seigneur Jésus supplicié, mais Il n'était pas cloué sur la Croix, c'était encore avant le crucifiement, et Il m'a dit : **Tu es mon cœur, parle aux pécheurs de ma miséricorde.** Et le Seigneur me donna la connaissance intérieure de tout l'abîme de sa miséricorde pour les âmes et j'ai appris que ce que j'ai écrit n'est vraiment qu'une goutte. (1666.)

POUR ALLER PLUS LOIN DANS LA MÉDITATION...

• *Est-ce que je reconnais et accepte que Jésus se soit livré pour moi ?*

• *Est-ce que je crois que le Christ est ressuscité ?*

Le Christ ne me demande pas de vivre cette passion-là, mais de considérer que c'est son amour qui se manifeste à moi et qu'il est vainqueur de toute forme de mort.

PRIÈRE

Ô Jésus, étendu sur la Croix, accorde-moi la grâce d'accomplir fidèlement la très sainte volonté de Ton Père, toujours, partout et en tout. Et lorsque cette volonté de Dieu me semblera bien dure et difficile à accomplir, c'est alors que je Te supplie Jésus que de Tes plaies coulent en moi force et puissance et que mes lèvres répètent : Que Ta volonté soit faite, Seigneur. Ô Sauveur du monde, épris du salut des hommes, qui, dans les souffrances et les tourments de ton agonie, T'oublies Toi-même pour ne penser qu'au salut des âmes, Jésus très compatissant, accorde-moi la grâce de m'oublier moi-même, afin que je vive tout entière pour les âmes, en T'aidant à l'œuvre du salut, selon la très sainte volonté de Ton Père. (1265.)

4

PÉCHÉ DE L'HOMME ET MISÉRICORDE DE DIEU

Sixième jour

« Car le salaire du péché, c'est la mort ; mais le don gratuit de Dieu, c'est la vie éternelle. »

Rm 6, 23.

Vérité sur nous-mêmes et confiance en Dieu, qui « ne veut pas que l'homme meure mais qu'il vive », sont les deux axes de la méditation de ce jour. L'amour de Jésus pour tout homme l'a conduit à renoncer à lui-même jusqu'à mourir pour nous. Accueillons maintenant le salut qu'il nous offre gratuitement, le pardon de nos péchés.

Mon enfant, je suis pour toi la miséricorde même, c'est pourquoi, je te prie, offre-moi ta misère et ton impuissance et ainsi tu réjouiras mon cœur. (1775.)

Dans une méditation sur le péché, le Seigneur m'a fait connaître toute la malignité du péché et l'ingratitude qu'il contient. Je ressens en mon âme une profonde aversion même envers le plus petit péché. (1334.)

Tout ce qui existe est contenu dans les entrailles de ma miséricorde, plus profondément que l'enfant dans le sein de sa mère. Oh ! combien douloureusement me blesse l'incrédulité en ma bonté. Ce sont les péchés de méfiance qui me blessent le plus douloureusement. (1076.)

Rentrant en moi-même, je reconnus que j'aimais Dieu de toutes les forces de mon âme ; et ne pouvant découvrir ce que je n'avais pas livré à Dieu, je demandai : Jésus, dis-le moi et je Te le livrerai immédiatement de bon cœur. Jésus me dit avec bienveillance : **Ma fille, livre-moi ta misère, car c'est ta propriété exclusive.** À ce moment, un rayon de lumière illumina mon âme, je connus tout l'abîme de ma misère ; au même instant, je me suis blottie dans le Très Saint Cœur de Jésus, avec une si grande confiance que même si j'avais eu sur la conscience les péchés de tous les damnés, je n'aurais pas douté de la miséricorde de Dieu, mais le cœur contrit, je me serais jetée dans l'abîme de Ta miséricorde. Je crois, ô Jésus, que tu ne m'aurais pas repoussée loin de toi, mais que tu m'aurais absoute par la main de celui qui tient ta place. (1318.)

Sache bien, une fois pour toutes, que seul le péché grave me chasse de l'âme, et rien d'autre. (1181.)

Je suis plus généreux envers les pécheurs qu'envers les justes. Pour eux je suis venu sur terre... pour eux j'ai versé mon sang ; qu'ils ne craignent pas de s'approcher de moi, ce sont eux qui ont le plus besoin de ma miséricorde. (1275.)

Oh ! si les pécheurs connaissaient ma miséricorde, il n'en périrait pas un si grand nombre. Parle aux âmes des pécheurs, pour qu'elles ne craignent pas de s'approcher de moi, parle-leur de ma grande miséricorde. (1396.)

Les fautes involontaires des âmes ne retiennent pas mon amour pour elles, ni ne m'empêchent de m'unir avec elles, mais les fautes même les plus petites mais volontaires sont une entrave à mes grâces et je ne peux répandre mes dons sur de telles âmes. (1641.)

Lorsque l'âme verra ses péchés et en mesurera le poids, lorsque se dévoilera à ses yeux tout l'abîme de la misère dans laquelle elle s'est plongée, qu'elle ne désespère pas mais qu'elle se jette avec confiance dans les bras de ma miséricorde, comme l'enfant dans les bras de sa mère bien-aimée. Ces âmes-là ont la priorité sur mon cœur empli de pitié, elles ont la priorité sur ma miséricorde. Aucune âme faisant appel à ma miséricorde n'a été déçue ni n'a éprouvé de honte. Je me complais particulièrement dans l'âme qui fait confiance à ma bonté. (1541.)

Les grands péchés du monde blessent mon cœur comme à la surface, mais les péchés de l'âme choisie transpercent mon cœur... (1702.)

Je suis trois fois saint et j'ai du dégoût pour le plus petit péché. Je ne peux aimer une âme souillée par le péché, mais lorsqu'elle se repent, il n'y a pas de limites à la largesse que j'ai envers elle. Ma miséricorde l'enveloppe et la justifie. Je poursuis de ma miséricorde les pécheurs sur tous leurs chemins et mon cœur se réjouit quand ils reviennent vers moi. J'oublie les amertumes dont ils abreuvaient mon cœur, et je me réjouis de leur retour. Dis aux pécheurs qu'aucun n'échappera à ma main. S'ils fuient mon Cœur miséricordieux, ils tomberont dans les mains de ma justice. Dis aux pécheurs que je les attends toujours, je prête une oreille attentive aux battements de leur cœur quand il bat pour moi. Je leur parle par leurs remords de conscience, par les insuccès et les souffrances, par les orages et la foudre, je leur parle par la voix de l'Église, et s'ils font échouer toutes mes grâces, je commence à me fâcher contre eux, les abandonnant à eux-mêmes, je leur donne ce qu'ils désirent. (1728.)

POUR ALLER PLUS LOIN DANS LA MÉDITATION...

• *Est-ce que je reconnais que je suis pécheur et que j'ai besoin d'être sauvé ?*

• *Est-ce que je crois que Jésus est mon Sauveur, qu'il peut pardonner mes péchés et me permettre une vie nouvelle en Lui ?*

• *Est-ce que je reconnais que ma conversion est indispensable pour pouvoir vivre en plénitude ?*

PRIÈRE

Dieu de grande miséricorde, Toi qui as daigné nous envoyer Ton Fils unique, comme la plus grande preuve de l'amour et de la miséricorde insondable, Tu ne repousses pas les pécheurs, mais de Ton insondable miséricorde, à eux aussi, Tu as ouvert le trésor dans lequel ils peuvent puiser en abondance, non seulement la justification, mais toute la sainteté que l'âme peut atteindre. Père de grande miséricorde, je désire que tous les cœurs se tournent avec confiance vers Ton infinie miséricorde. Personne ne se justifiera devant Toi si Ton incommensurable miséricorde ne l'accompagne. Lorsque Tu nous dévoileras le mystère de Ta miséricorde, l'éternité sera trop peu pour T'en remercier comme il convient. (1122.)

5

VIVRE LE SACREMENT DE RÉCONCILIATION AVEC SAINTE FAUSTINE

Septième jour

> « Dieu, qui est riche en miséricorde, à cause du grand amour dont Il nous a aimés, alors que nous étions morts par suite de nos fautes, nous a fait revivre avec le Christ ; c'est par grâce que vous êtes sauvés. »
>
> Ep 2, 4-5.

La connaissance de l'amour miséricordieux de Dieu pour les âmes rendait le cœur de sainte Faustine compatissant envers les pécheurs, les agonisants et les âmes du purgatoire. Elle intervenait très souvent auprès de la Miséricorde divine pour les âmes du purgatoire en offrant ses souffrances et ses prières. C'est certainement grâce à cela et à ce que le Christ lui a enseigné, qu'elle a compris combien le sacrement de la réconciliation est un don de Dieu pour chaque âme, pour les grands pécheurs comme pour tous ceux qui veulent tendre à la sainteté et porter du fruit. Nous pouvons nous confier à son intercession pour nous préparer à cette démarche.

Et à nouveau je voudrais ajouter trois mots pour l'âme qui désire résolument tendre à la sainteté et porter du fruit, c'est-à-dire avoir un profit de la confession.

Premièrement, sincérité et franchise absolue. Le plus saint et le plus sage des confesseurs ne peut faire violence à l'âme pour y infuser de force ce qu'il veut pour elle, si celle-ci n'est ni sincère ni ouverte. L'âme qui n'est pas sincère et qui dissimule s'expose à de grands dangers dans sa vie spirituelle et Jésus lui-même ne se donnera pas d'une manière plus profonde à cette âme, car Il sait qu'elle ne profitera pas de ces grâces particulières.

Deuxièmement, humilité. L'âme ne profite pas comme il faut du sacrement de la confession si elle n'est pas humble. L'orgueil la tient dans l'obscurité. Elle ne sait pas et ne veut pas rentrer avec précision au fond de sa misère, elle se masque et évite tout ce qui pourrait la guérir.

Troisièmement, obéissance. L'âme désobéissante ne remportera aucune victoire, même si Jésus Lui-même la confessait directement. Le plus expérimenté des confesseurs n'aidera en rien cette âme. L'âme désobéissante s'expose à de grands dangers et elle ne progressera pas dans la perfection et elle ne réussira pas dans la vie spirituelle. Dieu comble très généreusement l'âme de ses grâces, mais seulement l'âme obéissante. (113.)

Quant à la sainte confession, choisir ce qui m'humilie et me coûte le plus. Parfois un rien coûte davantage qu'une chose plus importante.

À chaque confession, se rappeler la passion de Jésus et susciter ainsi le repentir dans mon cœur. Autant que possible, avec la grâce de Dieu, m'exercer toujours à la contrition parfaite. J'y consacrerai davantage de temps. Avant d'approcher du confessionnal, j'entrerai d'abord dans le Cœur ouvert et très miséricordieux du Sauveur. Après la confession j'éveillerai dans mon âme ma profonde reconnaissance envers la Sainte Trinité, pour ce merveilleux et inconcevable miracle de miséricorde qui s'opère dans mon âme ; et plus mon âme est misérable, plus je sens que l'océan de la miséricorde divine m'engloutit et me donne force et vigueur. (225.)

De la sainte confession. Nous devrions tirer deux profits de la sainte confession :

1. Nous allons nous confesser pour la guérison ;

2. Pour l'éducation ; notre âme a besoin, comme un petit enfant, d'une éducation continuelle.

Ô mon Jésus, je comprends profondément ces paroles et je sais par expérience que l'âme n'arrive pas loin par ses propres forces, elle peine beaucoup et ne fait rien pour la gloire de Dieu, elle s'égare constamment, car notre esprit est obscur et ne sait pas discerner ce qui le concerne. Je vais appliquer mon attention spécialement sur deux points : premièrement, choisir, en me confessant, ce qui m'humilie le plus, serait-ce une chose minime, pourvu que cela me coûte beaucoup et voilà pourquoi je le dis ; deuxièmement, je vais m'exercer à la contrition ; non seulement pendant la confession, mais aussi à chaque examen de conscience, je vais éveiller en moi la contrition parfaite, et surtout au moment d'aller me coucher. (377.)

J'ai compris une chose : que je dois beaucoup prier pour chaque confesseur, afin qu'il obtienne la lumière du Saint-Esprit, car quand je m'approche du confessionnal et que je ne prie pas ardemment avant, le confesseur ne me comprend pas beaucoup. (647.)

Quelquefois, le confesseur dit des choses qu'il n'avait pas du tout l'intention de dire, sans s'en rendre compte lui-même. Oh ! que l'âme croie que ce sont les paroles du Seigneur Lui-même, même si nous devons croire que chaque mot entendu dans le confessionnal est divin ; mais les paroles dont je viens de parler proviennent, elles, directement de Dieu. Et l'âme sent que le prêtre ne parle pas de lui-même, il dit des choses qu'il n'avait pas l'intention de dire. Voilà comment Dieu récompense la foi. (132.)

Quand le Seigneur m'a fait connaître combien un cœur pur Lui est agréable, une plus profonde connaissance de ma misère me fut accordée ; et quand j'ai commencé à me préparer à la sainte confession, de fortes tentations contre les confesseurs m'ont assaillie. Je n'ai pas vu Satan, mais je le sentais, sa terrible méchanceté. Oui, c'est un homme ordinaire. Mais pas ordinaire car il a la puissance divine. Oui, s'accuser de ses péchés n'est pas difficile mais dévoiler les plus secrets replis de son cœur, rendre compte de l'action de la grâce divine, parler de chaque chose que Dieu exige, de tout ce qui se passe entre Dieu et moi, parler de cela à un être humain, c'est au-dessus de mes forces. Je sentais que je combattais contre les puissances et j'ai crié : Ô Christ, Toi et le prêtre, ça fait un, je viens pour me confesser à Toi et non à un homme. Quand je me suis approchée de la grille, j'ai commencé par dévoiler mes difficultés. Le prêtre a dit que je ne pouvais pas mieux faire que de dévoiler mes grandes tentations pour commencer. Cependant après la confession, elles se dissipèrent toutes et mon âme se réjouit d'une grande paix. (1715.)

Que les plus grands pécheurs mettent leur espoir en ma miséricorde. Ils ont droit avant tous les autres à la confiance en l'abîme de ma miséricorde. Les âmes qui s'adressent à ma miséricorde me réjouissent. À de telles âmes, j'accorde des grâces bien au-dessus de leurs désirs. Je ne peux punir même le plus grand pécheur s'il invoque ma pitié, mais je l'excuse en mon insondable et inconcevable miséricorde. Avant de venir comme Juge équitable, j'ouvre d'abord toutes grandes les portes de ma miséricorde. (1146.)

Dis aux âmes où elles doivent chercher la consolation : c'est au tribunal de la miséricorde, c'est là qu'ont lieu les plus grands miracles qui se renouvellent sans cesse. Il suffit de se jeter avec foi aux pieds de celui qui tient ma place, de lui dire sa

misère, et le miracle de la miséricorde divine se manifestera dans toute sa plénitude. (1448.)

Chaque fois que tu te confesses, plonge-toi entièrement dans ma miséricorde avec grande confiance, pour que je puisse déverser en ton âme toutes les largesses de ma grâce. Quand tu vas te confesser, sache que c'est moi-même qui t'attends dans le confessionnal, je me dissimule seulement derrière le prêtre, mais c'est moi seul qui agis dans l'âme. Ici la misère de l'âme rencontre le Dieu de miséricorde. (1602.)

POUR ALLER PLUS LOIN DANS LA DÉMARCHE...

Une confession sincère me serait peut-être nécessaire. En demandant et recevant le pardon du Seigneur (peut-être pour des fautes que je n'ai jamais confessées), j'accueillerai la miséricorde, je retrouverai l'amour de Dieu et la vie nouvelle qu'il m'a donnée au baptême dans le Christ[1].

PRIÈRE

Je recours à Ta miséricorde, Dieu clément, Toi qui seul es bon. Quoique ma misère soit grande et mes fautes nombreuses, j'ai cependant confiance en Ta miséricorde, car Tu es le Dieu de miséricorde, et dans tous les siècles on n'a pas entendu dire – le ciel ni la terre ne se souviennent – qu'une âme confiante en Ta miséricorde ait été déçue. Ô Dieu de pitié, Toi seul peux me justifier et Tu ne me rejetteras jamais, lorsque, contrite, je reviens à Ton Cœur miséricordieux qui n'a jamais refusé personne, même le plus grand des pécheurs. (1730.)

1. Cf. Annexe I : « Pour m'aider à recevoir le sacrement de réconciliation », p. 91.

6

L'EUCHARISTIE

Huitième jour

« Qui mange ma chair et boit mon sang demeure en moi et moi en lui. »

Jn 6, 56.

Après avoir goûté l'amour de Dieu et expérimenté sa miséricorde dans le sacrement de réconciliation, une vie nouvelle m'est redonnée. Cependant, Jésus n'a pas simplement donné la vie, il promet la « vie en surabondance » (Jn 10, 10), et celle-ci a besoin d'être nourrie. C'est pourquoi Il se donne lui-même dans l'Eucharistie.

Maintenant, tu vas méditer mon amour dans le Très Saint Sacrement. Là je suis tout entier pour toi, âme, corps et Divinité, comme ton époux. Tu sais ce qu'exige l'amour, une seule chose, la réciprocité… (1770.)

Ô mon Jésus, tu sais que je désire T'aimer d'un amour tel que jusqu'à présent aucune âme ne T'a aimé. Je désirerais que le monde entier se change en amour pour Toi, mon Bien-Aimé ; tu me nourris du lait et du miel de ton Cœur ; depuis mes plus tendres années Tu m'as élevée pour toi seul, pour que je sache maintenant T'aimer. Tu sais que je t'aime, car Toi seul connais la profondeur de l'offrande que je Te présente chaque jour. (1771.)

Mon enfant, afin que tu répondes dignement à mon appel, reçois-moi chaque jour dans la sainte communion ; elle te donnera la force. (1489.)

Je passe des moments avec la Mère de Dieu et me prépare pour le moment solennel de la venue du Seigneur Jésus. La Mère de Dieu m'apprend cette vie intérieure de l'âme avec Jésus, surtout dans la sainte communion. Quel grand mystère la sainte communion accomplit en nous ; nous le saurons seulement dans l'éternité. Ô moments les plus précieux de la vie ! (840.)

Le moment le plus solennel de ma vie, c'est le moment où je reçois la sainte communion. Je languis après chaque sainte communion et pour chacune d'elles, je rends grâce à la Très Sainte Trinité. (1804.)

Aujourd'hui, je me prépare à la venue du Roi. Qui suis-je et qui es-Tu, ô Seigneur, Roi de gloire, de gloire immortelle. Ô mon cœur, te rends-tu compte de Celui qui vient aujourd'hui chez toi ? (1810.)

Vois donc, j'ai quitté mon trône céleste pour m'unir à toi. Ce que tu vois c'est à peine un coin du voile soulevé et déjà ton âme défaille d'amour, mais quelle stupéfaction pour ton cœur quand tu me verras dans toute ma gloire ! Et je veux te dire que cette vie éternelle doit déjà commencer ici sur cette terre par la sainte communion. Chaque communion te rendra plus capable d'être en relation avec Dieu pour toute l'éternité. (1810.)

Ah, combien il m'est douloureux que les âmes s'unissent si peu à moi au cours de la sainte Communion ! J'attends les âmes mais elles sont indifférentes envers moi. Je les aime si tendrement et si sincèrement, et elles se défient de moi. Je veux les combler de grâces, elles ne veulent pas les accepter. Elles me traitent comme quelque chose de mort et pourtant j'ai le cœur plein d'amour et de miséricorde. Afin que tu connaisses ne serait-ce qu'un peu ma douleur, imagine la plus tendre des mères qui aime beaucoup ses enfants, mais ces enfants méprisent l'amour de leur mère ;

considère sa douleur, personne ne peut la consoler. Ce n'est là qu'une bien pâle image et une faible ressemblance de mon amour. (1447.)

Aujourd'hui, après la sainte communion, Jésus m'a dit combien Il désire venir dans les cœurs humains. **Je désire m'unir aux âmes humaines ; mon délice est de m'unir aux âmes. Sache ceci, mon enfant, que lorsque je viens dans la sainte communion jusqu'au cœur des hommes, j'ai les mains pleines de toutes sortes de grâces et je désire les donner aux âmes, mais les âmes ne font même pas attention à moi, elles me laissent seul et s'occupent d'autre chose. Oh ! comme cela m'attriste que les âmes n'aient pas compris l'amour ! Elles se conduisent envers moi comme envers une chose morte.** (1385.)

Sache, mon enfant, que l'ardeur de ton cœur m'est agréable ; comme tu désires ardemment t'unir avec moi dans la sainte communion, moi aussi je désire me donner complètement à toi, et comme récompense pour ton ardeur, repose-toi près de mon cœur. (826.)

Aujourd'hui, j'ai seulement communié et j'ai assisté quelques instants à la sainte messe. Toute ma force est en Toi, Pain vivant. Il me serait difficile de vivre un jour si je n'allais pas communier. Il est mon bouclier ; sans Toi, Jésus, je ne sais pas vivre. (814.)

Après la sainte communion, je sentis dans mon propre cœur les battements du Cœur de Jésus. Quoique depuis longtemps j'aie conscience que la sainte Communion subsiste en moi jusqu'à la communion suivante, toute la journée, aujourd'hui, j'adore Jésus dans mon cœur et je le prie de protéger, par sa grâce, les petits enfants du mal qui les menace. La vive présence de Dieu, sensible même physiquement, dure toute la journée et ne me trouble nullement dans l'accomplissement de mes tâches. (1821.)

Tout ce qu'il y a de bon en moi, c'est la sainte communion qui l'a fait, c'est à elle que je dois tout. Je sens que ce saint feu m'a complètement transformée. Oh ! combien je me réjouis d'être une demeure pour Toi, Seigneur ; mon cœur est un sanctuaire où Tu séjournes continuellement. (1392.)

Mon cœur m'attire là où mon Dieu est caché,
où il demeure nuit et jour avec nous
sous l'apparence de la blanche Hostie ;
Il dirige le monde entier, et est en relation avec les âmes.

Mon cœur m'attire là où mon Seigneur se cache,
où est son amour anéanti,
mais mon cœur sent que là est l'eau vive ;
c'est mon Dieu vivant, bien qu'un voile le cache.

(1591.)

POUR ALLER PLUS LOIN DANS LA MÉDITATION…

• *Comment est-ce que je me prépare à la communion ?*

• *Est-ce que j'ai conscience que c'est Jésus lui-même plein d'amour et de miséricorde qui se donne à moi ? ou vais-je communier machinalement pour faire comme tout le monde ?*

• *Est-ce que je suis prêt à accueillir toutes les grâces qu'il veut me donner ?*

Je prends du temps pour être auprès de Jésus et l'adorer dans le Saint Sacrement exposé ou dans le tabernacle.

PRIÈRE D'ADORATION A JÉSUS HOSTIE

Je t'adore, ô Amour caché, vie de mon âme. Je Te salue, Jésus, sous la simple apparence du pain. Je Te salue, ma très douce Miséricorde, qui se répand sur toutes les âmes. Salut, Bonté infinie, qui partout sème des torrents de grâces. Saiut, Clarté voilée, Lumière des âmes. Salut, Source de l'inépuisable miséricorde, Source la plus pure, d'où jaillissent pour nous la vie et la sainteté. Salut, délice des cœurs purs, Salut, seul espoir des âmes pécheresses. (1733.)

7

Clôture de la retraite

DERNIÈRE CONVERSATION AVEC LE SEIGNEUR

Neuvième jour

Au terme de cette retraite, nous sommes transformés et nous rendons grâce pour l'amour et la miséricorde du Seigneur. Restons attentifs aux paroles de Jésus sur la miséricorde pour nous-mêmes et pour le monde. Nous pourrons ensuite librement nous consacrer à Jésus miséricordieux et témoigner de cette miséricorde auprès de nos frères.

Merci, Amour éternel, pour ton inconcevable bienveillance envers moi qui te porte à t'occuper toi-même, directement, de ma sanctification. (1779.)

Mon enfant, que trois vertus t'ornent particulièrement : l'humilité, la pureté d'intention et l'amour. Ne fais rien de plus que ce que j'exige de toi, et accepte tout ce que t'offre ma main ; tâche de vivre recueillie, pour que tu entendes ma voix qui est si basse que seules les âmes recueillies peuvent l'entendre... (1779.)

Sache, mon enfant, que mon cœur est la miséricorde même. De cet océan de miséricorde, les grâces se répandent sur le monde entier. Aucune âme qui s'est approchée de moi, ne m'a quitté sans consolation. Toute misère sombre dans ma miséricorde, et toute grâce jaillit de cette source, salvatrice et sanctifiante. Mon enfant, je désire

que ton cœur soit la demeure de ma miséricorde. Je désire que cette miséricorde se répande sur le monde entier par ton cœur. Que quiconque t'approchera ne te quitte pas sans cette confiance en ma miséricorde que je désire tant pour les âmes. Prie autant que tu le peux pour les agonisants, obtiens-leur la confiance en ma miséricorde, car ce sont eux qui ont le plus besoin de la confiance et qui en ont le moins. Sache que la grâce du salut éternel pour certaines âmes dépend de ta prière ; Tu connais tout l'abîme de ma miséricorde, puise donc pour toi et spécialement pour les pauvres pécheurs. Le ciel et la terre retourneraient plus vite au néant avant qu'une âme confiante échappe à ma miséricorde. (1777.)

CONSÉCRATION A JÉSUS MISÉRICORDIEUX[1]

Très miséricordieux JÉSUS, Ta bonté est infinie et les trésors de tes grâces sont inépuisables. J'ai une confiance sans bornes en ta miséricorde qui dépasse toutes tes œuvres. Je me consacre totalement et sans réserve à Toi, afin de vivre et de tendre à la perfection chrétienne dans les rayons qui jaillirent de ton divin Cœur transpercé sur la Croix.

Je désire propager ta miséricorde, en accomplissant des œuvres spirituelles et corporelles de miséricorde, et particulièrement en convertissant les pécheurs, en aidant les pauvres, en consolant les affligés et les malades, en priant pour les agonisants et les âmes qui souffrent au purgatoire.

Protège-moi comme devant servir à ta propre gloire, car je crains tout de ma faiblesse, mais, en même temps, j'espère tout obtenir de ton inépuisable miséricorde. Ô bon Sauveur, puisse l'humanité entière connaître l'abîme insondable de ta miséricorde, avoir confiance en sa toute-puissance et la glorifier ici-bas et dans l'éternité. Amen.

JÉSUS, j'ai confiance en Toi !

---

1. Cette consécration inspirée du *Petit Journal* a été écrite par l'Apostolat de la Miséricorde divine.

PRIÈRE D'ACTION DE GRÂCES

Je Te remercie, mon Dieu, pour toutes les grâces,
dont Tu me combles sans cesse,
et qui m'éclairent, comme la lumière du soleil ;
par elles Tu me montres le chemin sûr.

Merci, mon Dieu, de m'avoir créée,
de m'avoir du néant appelée à l'existence,
d'y avoir marqué Ta divine empreinte,
et de ne l'avoir fait que par amour.

Merci, mon Dieu, pour le saint baptême,
qui m'incorpora à la famille divine ;
c'est un don inconcevable et grand,
qui transforme nos âmes.

Merci, Seigneur, pour la sainte confession,
pour cette source de grande miséricorde,
qui est intarissable,
pour cette inconcevable source de grâces,
qui rend la blancheur aux âmes souillées par le péché.

Je Te remercie, Jésus, pour la sainte communion,
par laquelle Toi-même Tu Te donnes à nous ;
je sens comme Ton Cœur bat en ma poitrine,
comme Toi-même Tu épanouis la vie divine en moi.

Je Te remercie, ô Saint-Esprit,
pour le sacrement de la confirmation,
qui m'a armée chevalier à Ton service,
et donne force à l'âme à chaque instant,
et me protège du mal.

Je Te remercie, Seigneur,
pour le sacrement de l'onction des malades[1],
qui me fortifiera pour la lutte
dans mes derniers moments,
et m'aidera à parvenir au salut,
et donnera force à mon âme,
afin que nous nous réjouissions éternellement.

Merci, mon Dieu, pour toutes les inspirations
dont Ta bonté me comble,
pour ces illuminations intérieures de l'âme,
qu'on ne peut exprimer, mais que le cœur ressent.

Merci, Sainte Trinité, pour cette foule de grâces,
dont Tu me combles à chaque instant, ma vie durant,
ma gratitude croîtra à mon entrée
dans l'aube éternelle,
lorsque j'entonnerai pour la première fois
un chant à Ta gloire. (1286.)

---

1. Le texte du *Petit Journal* parle ici du « sacrement de l'extrême-onction », comme on l'appelait alors.

DEUXIÈME PARTIE

COMMENT VIVRE APRÈS LA RETRAITE :

PRATIQUER LA MISÉRICORDE

« Quant à nous, aimons,
puisque Lui nous a aimés
le premier. »

1 Jn 4, 19.

« Béni soit le Dieu et Père de Notre Seigneur Jésus Christ, le Père des miséricordes et le Dieu de toute consolation, qui nous console dans toute notre tribulation, afin que, par la consolation que nous-mêmes recevons de Dieu, nous puissions consoler les autres en quelque tribulation que ce soit. »

2 Co 1, 3-4.

« Ayant reçu l'amour miséricordieux de Dieu, l'homme pardonné en devient le témoin ardent, surtout auprès des pécheurs. Il s'engage à proclamer la justice de Dieu, "qui ne veut pas la mort du pécheur, mais qu'il renonce à sa conduite et qu'il vive" », disait Jean-Paul II en commentant le psaume 50, le psaume du mystère de la miséricorde divine[1].

Libérés de l'esclavage du péché, comblés de joie, notre regard sur nos frères en humanité se transforme. Touchés par l'amour miséricordieux, nous avons conscience que les relations avec notre prochain doivent être empreintes d'amour et de miséricorde. Parce que nous nous savons effectivement aimés tels que nous sommes, nous devenons capables de miséricorde à l'égard de l'autre quel qu'il soit. Même si nous expérimentons en ce domaine nos difficultés, notre pauvreté, notre misère, nous avons le désir d'avancer sur le chemin de la grâce.

1. Audience générale du 4 décembre 2002, *DC* 2283 (5 janvier 2003), p. 12.

Voici ce que sainte Faustine écrit dans son Petit Journal *à ce sujet :* « Lorsque l'âme a fait des progrès dans l'amour, Jésus lui fait entendre qu'il est temps de le mettre en pratique. L'âme s'aperçoit que le Seigneur compte sur elle. [...] Elle ne compte jamais sur ses propres forces, mais prie ardemment et consulte d'autres combattants sages et aguerris. » (145.)

Comment mettre en pratique l'amour ? Comment exercer concrètement la miséricorde ? Comment avoir un cœur miséricordieux ? Que signifie être témoin de la miséricorde ?

Le Christ, dans l'Évangile, répond à plusieurs de ces questions. Nombreux sont les passages qui peuvent nourrir notre méditation.

Sainte Faustine, quant à elle, a essayé au quotidien de l'exercer. Ses difficultés, ses réflexions, ses conversations avec le Christ à ce sujet éclaireront notre recherche et nous aideront sûrement à mettre en pratique l'amour et la miséricorde.

La prière, les sacrements de la réconciliation et de l'Eucharistie nous fortifieront, jour après jour, pour « pratiquer la justice, aimer la miséricorde et marcher humblement avec notre Dieu » (Mi 6, 8).

JEZU UFAM TOBIE

À LA LUMIÈRE DE L'ÉVANGILE

Le Christ manifeste pendant toute sa vie publique la miséricorde de Dieu le Père. C'est le fondement même de sa mission de Messie. Il accomplit la prophétie d'Isaïe : « L'Esprit du Seigneur est sur moi parce qu'il m'a consacré par l'onction ; il m'a envoyé porter la bonne nouvelle aux pauvres, panser les cœurs meurtris, annoncer aux captifs la libération et aux prisonniers la délivrance, proclamer une année de grâce de la part du Seigneur » (Is 61, 1-2). Par ces faits et ces paroles, le Christ rend le Père présent parmi les hommes. Son attitude était pleine de bonté et de compassion. La pitié dirigeait ses pas. Son action le portait en premier lieu vers ceux qui souffraient et ceux qui attendaient de l'aide. Nombreux sont les passages de ses enseignements où il manifeste l'amour dans sa dimension de miséricorde : le bon pasteur qui part à la recherche de sa brebis perdue ou encore la femme qui balaie la maison à la recherche de la drachme perdue, l'enfant prodigue, le bon samaritain, ou par contraste le serviteur sans pitié…

Cependant, nous pouvons constater que le Christ, en révélant l'amour miséricordieux de Dieu, exige en même temps des hommes qu'ils se laissent aussi guider dans leur vie par l'amour et la miséricorde. « Cette exigence fait partie de l'essence même du message messianique[1]. » Jésus l'exprime aussi bien en rappelant le commandement qui est pour lui le plus grand : « Tu aimeras le Seigneur ton Dieu… » (Mc 12, 29-31) qu'en

1. JEAN-PAUL II, encyclique *Dives in misericordia*, 3.

proclamant dans le Sermon sur la montagne : « Heureux les miséricordieux, ils obtiendront miséricorde » (Mt 5, 7). « En devenant pour les hommes le modèle de l'amour miséricordieux envers les autres, le Christ proclame, par ses actes plus encore que par ses paroles, l'appel à la miséricorde[1]. » Il nous exhorte dans l'évangile de Luc (6, 36) : « Soyez miséricordieux, comme votre Père est miséricordieux » et, à la suite de cette exhortation, il nous donne des moyens pour exercer la miséricorde : « Ne jugez pas, et vous ne serez pas jugés ; ne condamnez pas, et vous ne serez pas condamnés ; pardonnez et vous serez pardonnés. Donnez et l'on vous donnera. » (Lc 6, 37.)

En d'autres termes, nous pouvons dire qu'avoir un cœur miséricordieux, c'est :

- *ne pas juger ;*
- *ne pas critiquer ;*
- *ne pas condamner ;*
- *pardonner ;*
- *demander pardon.*

Ici, l'évangile de Luc (6, 36-37) traduit en termes de miséricorde ce que celui de Matthieu (5, 44-48) appelle perfection : « Moi, je vous dis : aimez vos ennemis, bénissez ceux qui vous maudissent, faites du bien à ceux qui vous haïssent, et priez pour ceux qui vous font du tort... » Extraordinaire déclaration de Jésus ! Qui peut aimer celui qui lui fait volontairement du tort ? Avec ses propres forces, avec ses bonnes résolutions : personne ! car c'est au-dessus de notre nature. Pour le faire, il faut l'amour qui vient de Dieu. Dans le Christ qui nous a pardonné, nous pouvons trouver la force d'aimer. Comment aimer quelqu'un qui me déteste ? En pensant à Jésus. En effet, ma manière d'agir ne doit pas être déterminée par les autres, mais

1. *Ibid.*

par la volonté et l'exemple de Jésus. Il est allé à la Croix pour ceux qui le haïssaient, et sur la Croix, il a prié pour eux. C'est un exemple bouleversant à reprendre et à méditer jour après jour. Son dernier acte sur la Croix fut un pardon et le premier acte du Christ ressuscité est de rendre ses disciples capables de pardon (Jn 20, 22-23).

Vécue par le Christ et avec le Christ, la miséricorde est une attitude de l'être profond qui remue jusqu'aux entrailles. C'est être rempli de compassion pour celui qui pèche, et commet une offense contre nous. C'est une vulnérabilité à la souffrance de l'autre, à son besoin. C'est une attention non pas furtive mais prolongée, qui prend le temps et les moyens de secourir, comme fait le bon Samaritain (Lc 10, 29-37). C'est à la base une bienveillance fondamentale qui veut du bien au prochain. Avoir un cœur miséricordieux est une grâce, un don de Dieu à demander dans la prière, à cultiver au quotidien dans la patience et la persévérance.

À L'ÉCOLE DE SAINTE FAUSTINE

Sa vie fut remplie de labeur, de prières, de pénitences et de grandes souffrances ; elle connut l'épreuve de la maladie. Cependant, elle a eu toute sa vie le désir ardent de vivre de la miséricorde en réponse à la demande du Christ qui lui a dit :

Ma fille, si par toi j'exige que les hommes honorent ma miséricorde, toi la première tu dois te distinguer par cette confiance en ma miséricorde. J'exige de toi des actes de miséricorde qui doivent découler de ton amour pour moi. Tu dois témoigner aux autres la miséricorde, toujours et partout, tu ne peux pas t'en écarter, ni t'excuser, ni te justifier.

Je te donne trois moyens pour exercer la miséricorde envers le prochain : le premier, l'action ; le deuxième, la parole ; le troisième, la prière ; ces trois degrés renferment la plénitude de la miséricorde et c'est la preuve irréfutable de l'amour envers moi. De cette manière, l'âme glorifie et honore ma miséricorde. (742.)

Une réflexion de sainte Faustine relevée dans son Petit Journal *insiste sur le fait que pratiquer la miséricorde concerne* « tous les gens vivants dans le monde » *et que chacun* « devra accomplir au moins un acte quotidien de miséricorde, au moins, car il peut y en avoir beaucoup, puisqu'il est facile de le faire pour chacun, même pour le plus pauvre », *et enfin que l'accomplissement de la miséricorde est triple :* « la parole miséricordieuse, par le pardon et la consolation ; deuxième, là où tu ne peux par la parole, prier – et cela est miséricorde ; troisième, les actes de miséricorde. Et lorsque viendra le dernier jour, nous serons jugés sur cela, et selon cela sera prononcé notre jugement pour l'éternité » (1157.).

Ces deux passages montrent qu'exercer la miséricorde, c'est :

- *en vivre soi-même et dans la confiance ;*
- *poser des actes de miséricorde quelles que soient ses ressources ;*
- *en témoigner par la parole et le pardon et prier.*

La pleine confiance en Dieu et l'amour actif du prochain sont les fondements de cette pratique.

Les extraits du Petit Journal *qui suivent font particulièrement écho aux citations de l'Évangile mentionnées précédemment : « Soyez miséricordieux... » (Lc 6, 36) ; « Aimez vos ennemis... priez pour ceux qui vous persécutent... » (Mt 5, 44) ; « dans la mesure où vous l'avez fait à l'un de ces plus petits de mes frères, c'est à moi que vous l'avez fait... » (Mt 25, 40) ; et ils nous donnent des moyens concrets pour les appliquer au quotidien.*

Les actes de miséricorde

Pour celui ou celle qui veut poser des actes de miséricorde, voici quelques passages – conseils, exhortations – dans lesquels il pourra puiser pour son quotidien :

Ma fille, dans cette méditation, médite l'amour du prochain : est-ce mon amour qui dirige le tien vers ton prochain, pries-tu pour tes ennemis ? Souhaites-tu du bien à ceux qui t'ont, d'une manière ou d'une autre attristée ou offensée ? Sache que tout le bien que tu feras à une âme quelconque, je l'accepterai comme si tu me l'avais fait à moi-même. (1768.)

L'amour du prochain : premièrement, empressement envers les sœurs ; deuxièmement, ne pas parler des absents et défendre la réputation du prochain ; troisièmement, se réjouir des réussites du prochain. (241.)

Ô mon Jésus, tu sais quels efforts il faut faire pour avoir des relations simples et sincères avec ceux que notre nature fuit, ou avec ceux qui, consciemment ou non, nous ont infligé des souffrances ; humainement parlant, c'est impossible. À ces moments-là, je tâche plus encore qu'à d'autres de découvrir le Seigneur Jésus dans la personne en question et, pour ce même Jésus, je fais tout pour ces personnes-là. Dans de telles actions l'amour est pur, et s'exercer ainsi à l'amour trempe et fortifie l'âme. Je ne m'attends à rien de la part des créatures, c'est pourquoi je n'ai aucune déception ; je sais que la créature est pauvre en elle-même, et qu'attendrais-je donc de sa part ? Dieu est tout pour moi et je désire tout juger selon Dieu. (766.)

Un grand amour peut transformer les petites choses en grandes, et ce n'est que l'amour qui donne de la valeur à nos actions, et plus notre amour deviendra pur, moins le feu de la souffrance aura à consumer en nous, et la souffrance cessera d'être pour nous une souffrance. Elle deviendra pour nous un délice. (302.)

Ma fille, écris ceci pour nombre d'âmes qui, parfois, se font du souci de ne pas avoir les moyens matériels de faire un acte de miséricorde. Cependant, combien plus grand est le mérite de la miséricorde de l'esprit pour laquelle il ne faut avoir ni autorisation ni trésor, elle est accessible à toute âme. Si l'âme ne fait aucun acte de miséricorde quel qu'il soit, elle n'obtiendra pas miséricorde au jour du jugement. Oh ! si les âmes savaient amasser les trésors éternels, elles ne seraient pas jugées, elles devanceraient mon jugement par la miséricorde. (1317.)

Donner toujours la priorité aux autres en toutes circonstances, surtout durant la récréation, écouter tranquillement sans interrompre, même si l'on vous raconte dix fois la même chose. Je ne poserai jamais de questions sur une chose qui m'intéresse beaucoup. (789.)

J'ai entendu la sonnette de la chambre voisine et je suis entrée, et j'ai rendu service à un grand malade. De retour dans ma chambre, j'ai aperçu tout à coup le Seigneur Jésus qui me dit : **Ma fille, le service que tu viens de me rendre, m'a causé une plus grande joie que si tu avais longuement prié.** J'ai répondu : Mais ce n'est pas à toi, ô Jésus, mais à ce malade que j'ai rendu service. Le Seigneur m'a répondu : **Oui, ma fille, quoi que tu fasses pour ton prochain, c'est à moi que tu le fais.** (1029.)

Je me réjouis de ce que tu aies agi comme ma vraie fille. Sois toujours miséricordieuse, comme moi je suis miséricordieux. Aime tout le monde, pour l'amour de moi, aime tes pires ennemis, pour que ma miséricorde puisse se refléter dans toute sa plénitude en ton cœur. (1695.)

Quand nos jugements seront-ils vrais? Tu nous donnes la possibilité de nous exercer aux actes de miséricorde, et nous nous exerçons aux jugements! (1269.)

Mon Maître, fais que dans mon cœur je n'attende l'aide de personne, mais je tâcherai toujours d'apporter mon aide aux autres, de les consoler et de les soulager en tout. J'ai le cœur toujours ouvert aux souffrances d'autrui et je ne le fermerai pas aux souffrances des autres même si pour cela l'on m'appelle la pelle à poussière, c'est-à-dire que chacun jette sa douleur dans mon cœur; j'ai répondu que chacun a sa place dans mon cœur, et moi, en compensation, j'ai ma place dans le Cœur de Jésus. Ces allusions ironiques quant à la loi de l'amour ne rétrécissent pas mon cœur. Mon âme est toujours sensible sur ce point, et Jésus seul est le mobile de mon amour du prochain. (871.)

La parole de miséricorde

Dans les pages écrites par sainte Faustine, la parole de miséricorde revêt deux aspects. D'une part, elle est témoignage oral de la miséricorde de Dieu. En effet, témoigner de la miséricorde appartient à tous ceux qui en vivent, à tous ceux qui ont expérimenté qu'elle est source de salut. La miséricorde ne peut pas se garder pour soi. Comme l'eau et le sang qui coulent du Cœur de Jésus, comme l'eau vive qui jaillit de son sein se répand, la miséricorde est contagieuse. Et notre mission est d'annoncer que le Christ est l'unique Sauveur de l'humanité.

D'autre part, la parole de miséricorde est aussi parole de bénédiction envers Dieu et paroles positives sur le prochain. Ne jamais dire du mal de son prochain, se réjouir de ces réussites, ne pas critiquer mais avoir un mot de consolation ou de pardon, sont autant d'exemples de paroles de miséricorde que sainte Faustine nous enseigne. En voici quelques-unes.

Mon enfant, [...] à chaque fois que tu veux me faire plaisir, parle au monde entier de ma grande et insondable miséricorde. (164.)

Nous ressemblons le plus à Dieu lorsque nous pardonnons à notre prochain. Dieu est amour, bonté et miséricorde. (1148.)

Mon enfant, regarde en mon Cœur miséricordieux et reflète sa pitié dans ton propre cœur et dans tes actes, pour que toi, qui annonces au monde ma miséricorde, tu en brûles toi-même. (1688.)

Aux moments où je souffre beaucoup, je tâche de me taire, car je me méfie de ma langue qui, en de tels moments, est encline à parler de soi, alors qu'elle doit me servir à louer Dieu pour tant de bienfaits et de dons accordés. Quand je reçois Jésus dans la sainte communion, je Le prie avec ferveur de guérir ma langue, pour que par elle je n'offense ni Dieu ni le prochain. Je désire que ma langue ne cesse de rendre gloire à Dieu. Grandes sont les fautes de la langue. L'âme ne parviendra pas à la sainteté si elle ne maîtrise pas sa langue. (92.)

Ô Jésus, miséricorde, je tremble à la pensée de devoir rendre compte de ma langue, en elle se trouve la vie, mais aussi la mort, et parfois nous tuons avec notre langue, nous commettons de véritables meurtres ; et cela aussi nous devrions le considérer comme chose de peu d'importance ? Vraiment, je ne comprends pas de telles consciences. (119.)

La prière

Autre moyen d'exercer la miséricorde : la prière. Celle-ci est bien souvent développée et commentée dans le Petit Journal, *voici pour nous de quoi enrichir la nôtre.*

Si je ne peux témoigner la miséricorde ni par l'action ni par la parole, je le pourrai toujours par la prière. J'envoie ma prière même là où je ne puis aller physiquement. (163)

Mon enfant, donne-moi les âmes ; sache que ton devoir est de me conquérir les âmes par la prière et le sacrifice, par l'encouragement à la confiance en ma miséricorde. (1690)

Jésus m'a fait connaître combien l'âme doit être fidèle à la prière malgré les tourments, la sécheresse et les tentations, car, pour la plupart, c'est d'une telle prière que dépend la réalisation des desseins de Dieu qui sont parfois bien grands ; et si nous ne persévérons pas dans cette prière, nous déjouons les plans que Dieu voulait accomplir par nous, ou en nous. Que chacun se rappelle ces paroles : « En proie à la détresse, il priait de façon plus instante. » Je prolonge toujours semblable prière, autant qu'il est en mon pouvoir et en accord avec mes devoirs. (872.)

Il y a des âmes dans lesquelles je ne peux rien faire : ce sont les âmes qui observent constamment les autres et ne savent pas ce qui se passe dans leur propre intérieur. Elles parlent constamment des autres même pendant le temps de silence strict qui est destiné à converser avec moi ; pauvres âmes, elles n'entendent pas mes paroles et leur intérieur reste vide, elles ne me cherchent pas à l'intérieur de leur propre cœur, mais dans le bavardage où je ne suis jamais. (1717.)

La prière. Par la prière l'âme s'arme pour tous les combats. En quelque état qu'elle soit, elle doit prier. L'âme pure et belle doit prier, sous peine de perdre sa beauté ; l'âme qui tend vers cette pureté doit prier, sinon elle n'y arriverait pas ; l'âme qui vient de se convertir doit prier, sinon elle tomberait à nouveau ; l'âme pécheresse, plongée dans le péché, doit prier pour pouvoir se relever. Ainsi il n'y a pas d'âme qui ne soit obligée de prier, car c'est par la prière que la grâce descend sur elle. (146.)

Dieu donne Ses grâces de deux façons : par l'inspiration et par l'illumination. Si nous prions pour obtenir la grâce, Dieu nous la donnera, mais veuillons l'accepter ; mais pour l'accepter il faut de l'abnégation. L'amour ne réside ni dans les mots, ni dans les sentiments, mais dans les actes. C'est un acte de volonté, c'est un don, c'est-à-dire un présent ; raison, volonté, cœur : nous devons exercer ces trois facultés dans la prière. (392.)

Jésus m'a fait connaître combien la prière de réparation Lui est agréable. Il me dit : **La prière d'une âme humble et aimante désarme la colère de mon Père et libère des torrents de bénédictions.** (320.)

La perte de chaque âme me plonge en une mortelle tristesse. Tu me consoles toujours lorsque tu pries pour les pécheurs. La prière qui m'est la plus agréable, c'est la prière pour la conversion des âmes pécheresses ; sache, mon enfant, que cette prière est toujours exaucée. (1397.)

Demandons au Seigneur d'avoir un cœur pétri de prière ; offrons-nous à l'amour miséricordieux, pour la conversion du monde, pour les agonisants, pour les âmes du purgatoire. Le Christ a soif, soif de révéler son amour, sa tendresse et sa miséricorde. Par notre prière, soyons des instruments de l'amour de Dieu. Nous ne savons pas le nombre d'âmes que nous pouvons sauver par nos prières et nos sacrifices. C'est pourquoi, prions pour les pécheurs.

*

« Un fervent amour de Dieu, *reconnaît sainte Faustine,* voit tout autour de soi un incessant besoin de se communiquer par l'acte, la parole et la prière. » (1313.)

En effet, la miséricorde offre un large champ d'action : on peut faire le bien toujours, partout et en tout temps si on y est attentif et désireux d'être décentré de soi pour être tourné vers autrui, en ayant le regard fixé sur Jésus crucifié.

Ressembler au Seigneur de miséricorde, tel a été le désir ardent de sainte Faustine. À l'exemple de Jésus, sa vie a été avant tout dépouillement et don. Car l'amour véritable ne se vante pas, il se donne et se met au service de son prochain.

Dès le moment où nous avons reçu Jésus dans notre cœur, nous sommes unis à lui de la manière la plus intime et la plus profonde. «Celui qui s'unit au Seigneur n'est avec lui qu'un seul esprit» (1 Co 6, 17). Notre vie quotidienne consiste alors à le laisser vivre en nous. Il infuse en nous les sentiments de son Cœur : sa douceur, son humilité, sa pureté, son amour inlassable, sa miséricorde.

Une des prières de sainte Faustine, rapportée ci-après pourra inspirer la nôtre et nous aidera à être toujours plus à l'image du Christ miséricordieux.

PRIÈRE

Je désire me transformer tout entière en Ta miséricorde et être ainsi un vivant reflet de Toi, ô Seigneur ; que le plus grand des attributs divins, Ton insondable miséricorde, passe par mon âme et mon cœur sur le prochain.

Aide-moi, Seigneur, pour que mes yeux soient miséricordieux, pour que je ne soupçonne jamais ni ne juge d'après les apparences extérieures, mais que je discerne la beauté dans l'âme de mon prochain et que je lui vienne en aide.

Aide-moi, Seigneur, pour que mon oreille soit miséricordieuse, afin que je me penche sur les besoins de mon prochain et ne reste pas indifférente à ses douleurs ni à ses plaintes.

Aide-moi, Seigneur, pour que ma langue soit miséricordieuse, afin que je ne dise jamais de mal de mon prochain, mais que j'aie pour chacun un mot de consolation et de pardon.

Aide-moi, Seigneur, pour que mes mains soient

miséricordieuses et remplies de bonnes actions afin que je sache faire du bien à mon prochain et prendre sur moi les tâches les plus lourdes et les plus déplaisantes.

Aide-moi, Seigneur, pour que mes pieds soient miséricordieux, pour me hâter au secours de mon prochain, en dominant ma propre fatigue et ma lassitude. Mon véritable repos est de rendre service à mon prochain.

Aide-moi, Seigneur, pour que mon cœur soit miséricordieux, afin que je ressente toutes les souffrances de mon prochain. Je ne refuserai mon cœur à personne. Je fréquenterai sincèrement même ceux qui, je le sais, vont abuser de ma bonté, et moi, je m'enfermerai dans le Cœur très miséricordieux de Jésus. Je tairai mes propres souffrances. Que Ta Miséricorde repose en moi, ô mon Seigneur.

C'est Toi qui m'ordonnes de m'exercer aux trois degrés de la miséricorde : le premier, l'acte miséricordieux, quel qu'il soit ; le second, la parole miséricordieuse (si je ne puis aider par l'action, j'aiderai par la parole) ; le troisième, c'est la prière (si je ne peux témoigner la miséricorde ni par l'action, ni par la parole, je le pourrai toujours par la prière). J'envoie ma prière même là où je ne puis aller physiquement.

Ô mon Jésus, transforme-moi en Toi car tu peux tout. (163.)

La dévotion à la Divine Miséricorde

Comme évoqué plus haut, le Christ va confier à sainte Faustine la mission de faire connaître au monde sa miséricorde en transmettant de nouvelles formes de culte de la Miséricorde divine et en ranimant dans le cœur de l'homme la confiance en Dieu. L'aspect « dévotion » peut rebuter certains. Cependant, ces pratiques nous ont été données par le Christ lui-même, elles ne remplacent pas ce qui est déjà vécu dans l'Église, comme la vie sacramentelle et la prière. *Elles sont des moyens concrets, puisque nous sommes corps et esprit, pour nous rapprocher de la miséricorde de Dieu. De plus, celui ou celle qui les exerce, accomplit une œuvre de miséricorde. Cette dévotion se présente sous cinq formes qui sont toutes rattachées à des promesses bien définies que le Christ lui-même s'est engagé à tenir, à la condition que nous ayons confiance en Dieu et que nous soyons miséricordieux envers les autres. Pourquoi des « promesses » ? peut-être pour attiser le zèle dans le cœur des fidèles !...*

En outre, Jean-Paul II porte cette dévotion depuis bien longtemps, parce qu'elle répond totalement aux situations du monde d'aujourd'hui qui a d'abord besoin d'amour et de pardon. Comme notre pape en a fait la remarque à plusieurs reprises pendant son pontificat, l'homme d'aujourd'hui, fort du développement scientifique et technique qui marque notre temps, a des difficultés à entrevoir ce que peut être la miséricorde. « Souvent, l'homme vit comme si Dieu n'existait pas et prend même la place de Dieu », nous rappelait-il à Cracovie, au mois d'août 2002[1]*. De ce fait, la place faite aux petits et aux pauvres, à ceux qui ne remportent pas de succès repérables est une place souvent bien ténue...*

Pour Jean-Paul II, « il faut faire retentir le message de l'amour mliséricordieux avec une vigueur renouvelée. L'heure est venue de faire parvenir le message du Christ à tous, en particulier à ceux dont l'humanité et la diginité semblent se perdre dans le mysterium iniquitatis[2] ».

---

1. Homélie au parc Blonia, 18 août 2002, 3, *DC* 2277, p. 826.

2. *Ibid.*

1. Le tableau du Christ miséricordieux

Le Christ miséricordieux se manifeste pour la première fois à sainte Faustine le 22 février 1931, dans sa cellule du couvent de Plock.

Un soir, alors que j'étais dans ma cellule, je vis Jésus vêtu d'une tunique blanche, une main levée pour bénir, la seconde touchait son vêtement sur la poitrine. De la tunique entrouverte sur la poitrine sortaient deux grands rayons, l'un rouge, l'autre pâle. En silence, je fixais mon regard sur le Seigneur, mon âme était saisie de crainte, mais aussi d'une grande joie. Après un moment, Jésus me dit : **Peins un tableau selon l'image que tu vois, avec l'inscription : Jésus, j'ai confiance en Toi.** (47.)

Le Seigneur lui donne la signification :

Ces deux rayons indiquent le sang et l'eau : le rayon pâle signifie l'eau, qui justifie les âmes ; le rayon rouge signifie le sang, qui est la vie des âmes... Ces deux rayons jaillirent des entrailles de ma miséricorde, alors que mon cœur, agonisant sur la Croix, fut ouvert par la lance. (299.)

Ces deux rayons représentent les sacrements et le don de l'Esprit Saint dont l'eau est le symbole biblique. Le chrétien est purifié par les sacrements du baptême et de la réconciliation et nourri par le sacrement de l'Eucharistie.

Ce tableau veut rappeler, d'une part, la souffrance de Jésus pendant sa passion, sa mort, son cœur transpercé par la lance, et d'autre part sa résurrection, lorsqu'il est apparu aux apôtres. Ainsi, le Christ veut que le symbole de son amour qui se donne jusqu'au bout soit spécialement honoré dans la dévotion à la Divine Miséricorde.

C'est pourquoi il demandera également à sainte Faustine de dire souvent cette courte prière :

Ô Sang et Eau qui avez jailli pour nous du Cœur de Jésus comme source de miséricorde, j'ai confiance en vous.

Jésus mendie notre confiance en lui ; c'est pourquoi il veut que sœur Faustine fasse graver au-dessous du tableau l'inscription : **Jésus, j'ai confiance en Toi !**

Mon regard sur cette image est le même que celui que j'avais sur la Croix (326), *déclara le Seigneur à sœur Faustine. C'est tout un art, en effet, que de représenter une vision du Christ en image ! et la sœur a été bien déçue devant le résultat final de la peinture ! Mais Jésus l'a rassurée et lui a dit :* **Ce n'est ni dans la beauté des couleurs ni dans celle du coup de pinceau que réside la grandeur de cette image, mais dans ma grâce** (313). *Cette remarque vaut aussi pour celui ou celle qui éprouvera une difficulté devant cette représentation iconographique. Mais en dépassant cette première réaction, on pourra constater que les promesses du Christ se réalisent :* **Par cette image, j'accorderai beaucoup de grâces aux âmes ; que chaque âme ait donc accès à elle.** (570.) *Et encore :* **Je promets que l'âme qui honorera cette image ne sera pas perdue. Je lui promets aussi la victoire sur ses ennemis dès ici-bas, et spécialement à l'heure de la mort. Moi-même, je la défendrai comme ma propre gloire.** (48.)

Enfin, le Christ demande que la vénération de cette image soit largement répandue : **Je désire qu'on honore cette image, d'abord dans votre chapelle, puis dans le monde entier.** (48.)

2. La fête de la Miséricorde

C'est toujours dans son couvent de Plock, en 1931, que Faustine a la révélation de cette fête de la Miséricorde : **Je désire qu'il y ait une fête de la Miséricorde. Je veux que cette image, que tu peindras**

avec un pinceau, soit solennellement bénie, le premier dimanche après Pâques ; ce dimanche doit être la fête de la Miséricorde. (49.)

Comme le tableau qui évoque la passion et la résurrection du Christ, la fête de la Miséricorde est en lien avec le mystère pascal. Notamment, elle est précédée d'une neuvaine[2] *qui commence le Vendredi saint, accompagnée de la prière du chapelet à la Divine Miséricorde. Cette neuvaine a été dictée par Jésus lui-même :*

Je désire que durant ces neuf jours, tu amènes les âmes à la source de ma miséricorde, afin qu'elles puisent force et fraîcheur, ainsi que toutes les grâces dont elles ont besoin dans les difficultés de la vie et particulièrement à l'heure de la mort. Chaque jour tu amèneras jusqu'à mon cœur un groupe d'âmes différent et tu les plongeras dans l'océan de ma miséricorde. Et moi, je ferai entrer toutes ces âmes dans la demeure de mon Père. Tu feras cela dans cette vie et dans l'autre. Je ne refuserai rien aux âmes que tu amèneras à la source de ma miséricorde. Et chaque jour, par ma douloureuse passion, tu solliciteras de mon Père des grâces pour ces âmes. (1209.)

Le Seigneur m'a dit de réciter ce chapelet pendant neuf jours, avant la fête de la Miséricorde. Il doit commencer le Vendredi saint. **Pendant cette neuvaine, j'accorderai aux âmes toutes sortes de grâces.** (796.)

La fête de la Miséricorde consiste non seulement à participer à l'Eucharistie dominicale mais encore à adorer particulièrement Dieu dans ce mystère de la

2. Cf. Annexe II, p. 93-102.

miséricorde et à recevoir le sacrement de la réconciliation : jour de grâce pour tous, spécialement pour les pécheurs.

Je désire que la fête de la Miséricorde soit le recours et le refuge pour toutes les âmes, et surtout pour les pauvres pécheurs. En ce jour les entrailles de ma miséricorde sont ouvertes, je déverse tout un océan de grâces sur les âmes qui s'approcheront de la source de ma miséricorde ; toute âme qui se confessera et communiera recevra le pardon complet de ses fautes et la remise de leur punition ; en ce jour sont ouvertes toutes les sources divines par lesquelles s'écoulent les grâces ; qu'aucune âme n'ait peur de s'approcher de moi, même si ses péchés sont comme l'écarlate... (699.)

Je désire accorder une indulgence plénière aux âmes qui iront se confesser et communieront en cette fête de ma Miséricorde. (1109.)

La fête de la Miséricorde est issue de mes entrailles, je désire qu'elle soit fêtée solennellement le premier dimanche après Pâques. Le genre humain ne trouvera pas la paix tant qu'il ne se tournera pas vers la source de ma miséricorde. (699.)

Les âmes périssent malgré mon amère passion. Je leur offre une dernière planche de salut, c'est la fête de ma Miséricorde. Si elles n'adorent pas ma miséricorde, elles périront pour l'éternité. (965.)

Rappelons que le pape Jean-Paul II a officiellement institué cette fête de la Miséricorde divine le 30 avril 2000, jour de la canonisation de Faustine. Donc nous sommes invités par l'Église, chaque premier dimanche après Pâques, à prier et adorer la miséricorde de Dieu, selon les demandes du Christ exposées ci-dessus.

3. Le chapelet de la Miséricorde divine

C'est à Wilno, en septembre 1935, que Jésus a dicté à sœur Faustine cette prière pour supplier Dieu et apaiser sa « colère », comme elle le rapporte dans le Petit Journal (474-476).

Telle ou telle parole de Jésus extraite du Petit Journal *peut surprendre ou choquer. Comment Dieu peut-il manifester de la colère*[1] *et exercer la justice, s'il se présente comme amour et miséricorde ? En fait, justice et miséricorde sont inséparables en Dieu. Le message du Christ à sainte Faustine est à considérer dans son ensemble. Dieu veut manifester son amour envers tout homme. Cependant, sa bonté ne saurait avoir pour conséquence que, de toute façon, rien n'aurait d'importance puisque tout finirait bien. Ce serait faire fi de la liberté de l'homme qui peut choisir d'accueillir cet amour ou de le refuser. Accueillir l'amour de Dieu nous entraîne à nous convertir, à changer de cœur et de vie. Un petit verset de la première lettre de saint Jean ne doit pas être oublié ici : « Si notre cœur nous accuse, Dieu est plus grand que notre cœur » (1 Jn 3, 20).*

Alors que je priais ainsi, j'ai vu l'impuissance de l'ange qui ne pouvait accomplir la juste punition qui revient de plein droit aux péchés. Je n'avais jamais

1. « Nul ne peut entendre parler de Dieu en colère s'il n'a été un jour visité par sa sainteté ou son amour. D'autre part, de même que pour entrer dans la grâce l'homme doit être arraché à son péché, ainsi pour accéder vraiment à l'amour de Dieu le croyant doit approcher le mystère de sa colère. Vouloir réduire ce mystère à l'expression mythique d'une expérience humaine, c'est méconnaître le sérieux du péché et le tragique de l'amour de Dieu. Il y a incompatibilité radicale entre la sainteté et le péché [...]. En Dieu luttent deux "sentiments", la colère et la miséricorde qui toutes deux signifient l'attachement passionné de Dieu pour l'homme. » (Xavier Léon-Dufour, *Vocabulaire de théologie biblique*, Éd. du Cerf, 1995, art. « Colère de Dieu ».)

encore prié avec tant de force intérieure. Voilà les paroles par lesquelles je suppliais Dieu : **Père éternel, je T'offre le Corps et le Sang, l'Âme et la Divinité de Ton Fils bien-aimé, Notre Seigneur Jésus-Christ, en réparation de nos péchés et de ceux du monde entier ; par Sa douloureuse passion, sois miséricordieux pour nous.** (475)

Ce chapelet[3]*, à réciter sur un chapelet habituel, consiste à offrir le « Corps et le Sang, l'âme et la Divinité de Jésus en réparation de nos péchés et de ceux du monde entier ». En nous unissant au sacrifice de Jésus, nous invoquons cet amour que Dieu le Père a pour son Fils et, par Lui, pour tous les hommes. En demandant miséricorde pour nous et pour le monde entier, nous accomplissons un acte de miséricorde.*

Par les promesses que le Christ a faites, nous pouvons juger combien cette prière lui est agréable :

Ma fille, incite les âmes à dire ce chapelet que je t'ai indiqué. Il me plaît de leur accorder tout ce qu'elles me demanderont par cette prière. (1541.) *Puis, Jésus a ajouté :* **Si cela est conforme à ma volonté.** (1732.)

Oh ! quelles grandes grâces j'accorderai aux âmes qui diront ce chapelet, les entrailles de ma miséricorde sont émues pour ceux qui disent ce chapelet. (848.)

Dis constamment ce chapelet que je t'ai enseigné. (687.)

Les âmes qui réciteront ce chapelet seront enveloppées par ma miséricorde pendant leur vie et surtout à l'heure de la mort. (754.)

Des promesses particulières concernent l'heure de la mort : les grâces de la conversion et d'une mort pai-

3. Cf. Annexe III.

sible ; elles sont destinées aux personnes qui récitent ce chapelet et aux mourants auprès desquels on prie.

À l'heure de la mort, je défends comme ma propre gloire chaque âme qui récite ce chapelet, elle-même, ou bien, si d'autres le récitent près de l'agonisant, l'indulgence est la même. Quand on récite ce chapelet auprès de l'agonisant, la colère divine s'apaise, la miséricorde insondable s'empare de son âme. (811.)

Sœur Faustine elle-même expérimente la puissance de cette prière alors qu'elle est auprès des mourants ou qu'elle intercède pour les âmes du purgatoire.

Les prêtres le donneront aux pécheurs comme ultime planche de salut ; même le pécheur le plus endurci, s'il récite ce chapelet une seule fois obtiendra la grâce de mon infinie miséricorde. (687.)

Et enfin : **Par la récitation de ce chapelet, tu rapproches de moi l'humanité.** (929.)

En d'autres termes, Dieu attend que nous ayons conscience que, par nos fautes, nos péchés et nos indifférences, nous avons offensé et peiné son Cœur. Il n'abandonne pas celui qui se repent. Il vient à lui, non comme un juge mais comme un sauveur ; son pardon est pour tous ceux qui acceptent simplement que le « sang de Jésus Christ nous purifie de tout péché » (1 Jn 1, 7). Sa miséricorde s'étend à tous ceux qui font ce pas, dans l'humilité, la docilité et la confiance.

4. L'Heure de la Miséricorde

Rappelons cette parole du Christ mentionnée dans un chapitre précédent : **C'est lorsque tu médites ma douloureuse passion que tu me plais le plus.** (1512.)

Par l'Heure de la Miséricorde, Jésus nous donne ce

moyen de méditer au quotidien sa passion, de rendre grâce à la Miséricorde divine et d'intercéder pour les pécheurs.

À trois heures, implore ma miséricorde, tout particulièrement pour les pécheurs, et ne fût-ce que pour un bref instant, plonge-toi dans ma passion, en particulier dans mon abandon au moment de mon agonie. C'est là une heure de grande miséricorde pour le monde entier. Je te laisserai pénétrer ma mortelle tristesse ; en cette heure, je ne saurais rien refuser à l'âme qui me prie, par ma passion... (1320.)

C'est à Cracovie, en octobre 1937, puis en février 1938, que Jésus a manifesté à sainte Faustine ce désir que l'on médite sa passion. Il émet trois conditions pour cette prière ; elle doit être adressée à Jésus, à quinze heures, et en souvenir de sa passion.

Chaque fois que tu entendras l'horloge sonner trois heures, immerge-toi tout entière en ma miséricorde en l'adorant et en la glorifiant ; fais appel à sa toute-puissance pour le monde entier et particulièrement pour les pauvres pécheurs, car à ce moment elle est grande ouverte à toutes les âmes. À cette heure-là, tu peux tout obtenir pour toi et pour les autres ; à cette heure-là, la grâce a été donnée au monde entier ; la miséricorde l'emporta sur la justice. Ma fille, essaie à cette heure-là de faire le chemin de croix, autant que tes occupations te le permettent ; mais si tu ne peux pas faire le chemin de croix, entre au moins un moment à la chapelle et célèbre mon cœur qui est plein de miséricorde dans le Très Saint Sacrement ; et si tu ne peux entrer à la chapelle, plonge-toi dans la prière là où tu te trouves, ne serait-ce que pour un tout petit moment. J'exige de toute créature de vénérer ma miséricorde, mais de toi d'abord, car

je t'ai fait connaître le plus profondément ce mystère. (1572.)

5. Propagation de la dévotion à la Miséricorde

Comme nous l'avons déjà évoqué, témoigner de la miséricorde appartient à tous ceux qui en vivent, dans la confiance, à tous ceux qui ont expérimenté qu'elle est source de salut. Faire connaître les différents points de la dévotion est également une manière de témoigner et de pratiquer la miséricorde. C'est également une demande de Jésus : **Fais ce qui est en ton pouvoir pour étendre la vénération de ma miséricorde, je suppléerai à ce qui te manque. Dis à l'humanité douloureuse de se blottir dans mon cœur miséricordieux et je la comblerai de paix.** (1074.)

Voici ce qu'Il promet : **Les âmes qui propagent la vénération de ma miséricorde, je les protège durant toute leur vie, comme une tendre mère son nourrisson, et à l'heure de la mort, je ne serai pas pour elles un Juge, mais le Sauveur miséricordieux. En cette dernière heure, l'âme n'a plus rien pour sa défense si ce n'est ma miséricorde ; heureuse l'âme qui, sa vie durant, se plongeait dans la source de la miséricorde, car la justice ne l'atteindra pas.** (1075.)

Toutes les âmes qui vénéreront ma miséricorde et propageront sa gloire en incitant les autres âmes à la confiance en ma miséricorde - ces âmes ne connaîtront pas l'effroi à l'heure de la mort. Ma miséricorde les abritera lors de cette dernière lutte... (1540.)

*

Gardons dans notre cœur ces paroles apaisantes qui nous parlent de l'amour infini de Dieu envers sa créature et qui nous renvoient à la citation déjà donnée au début de cette deuxième partie : « Quant à nous, aimons, puisque Lui nous a aimés le premier » (1 Jn 4, 10-19). Cette dévotion est, en fait, une manifestation de l'immense bonté de Dieu envers nous.

CONCLUSION

Nous voici à la fin de notre méditation sur le Christ miséricordieux. Nous avons pu comprendre, découvrir ou approfondir à travers cet ouvrage que Dieu nous aime et que lui seul peut nous apprendre à aimer, en vérité, tous les hommes. Il nous faut prendre conscience, jour après jour, de l'inlassable patience de Dieu envers nous et de son invitation au quotidien à puiser aux sources de sa miséricorde. Ainsi, nous serons capables de l'exercer à notre tour, à l'égard de l'autre quel qu'il soit. Mouvement incessant, source de salut, puissance dans l'évangélisation, la miséricorde se reçoit et se donne !

Le monde des hommes, écrit Jean-Paul II, pourra devenir « toujours plus humain ». La condition nécessaire et suffisante, c'est la véritable miséricorde ; elle « devient un élément indispensable pour façonner les rapports mutuels entre les hommes dans un esprit de grand respect envers ce qui est humain et envers la fraternité réciproque ». Le Pape ajoute, du reste, que ce travail commence « entre ceux qui sont les plus proches, entre les époux, entre parents et enfants, entre amis... »[1].

Et nous terminerons par cette parole du Christ à sainte Faustine : **Le genre humain ne trouvera pas la paix tant qu'il ne se tournera pas vers la source de ma miséricorde.** (699.)

1. *Dives in misericordia*, 14.

ANNEXE I

POUR M'AIDER À RECEVOIR LE SACREMENT DE RÉCONCILIATION

Au début de la rencontre avec le prêtre[1], le pénitent (qui peut se mettre à genoux) commence par faire le signe de la croix en disant :

« Au nom du Père, et du Fils, et du Saint-Esprit. Amen. Bénissez-moi mon Père parce que j'ai péché. »

Le prêtre peut dire :

« Que le Seigneur illumine votre cœur et vous donne de confesser sincèrement vos péchés. »

Le pénitent ou le prêtre peut dire ou lire une Parole de Dieu.

Après avoir précisé à quand remonte sa dernière confession, le pénitent avoue ses péchés.

Il peut répondre clairement et brièvement aux éventuelles questions du prêtre.

Après avoir conseillé brièvement son pénitent, le prêtre l'invite à effectuer tel geste de réparation, tel signe de conversion, telle récitation de prière ou telle lecture biblique en rapport avec le contenu de la confession et le temps liturgique.

Habituellement, après avoir confessé ses péchés et avoir écouté l'exhortation du prêtre, le pénitent récite l'acte de contrition :

« Mon Dieu, j'ai un très grand regret de t'avoir

1. Pour préparer un examen de conscience plus approfondi, le lecteur pourra consulter avec profit : Robert SCHIÉLÉ, *Ce Dieu qui nous sauve*, Éd. de l'Emmanuel, 1995 ; Fr. BERNARD-MARIE, *Le Pardon de Dieu. Préparation et célébration du sacrement de réconciliation*, Éd. du Chalet, 1993.

offensé, parce que tu es infiniment bon, infiniment aimable et que le péché te déplaît. Je prends la ferme résolution, avec le secours de ta sainte grâce, de ne plus t'offenser et de faire pénitence. Amen. »

Le prêtre prononce alors les paroles de l'absolution :

« Que Dieu notre Père vous montre sa miséricorde ; Par la mort et la résurrection de son Fils, Il a réconcilié le monde avec lui et il a envoyé l'Esprit Saint pour la rémission des péchés. Par le ministère de l'Église, qu'il vous donne le pardon et la paix. Et moi, au nom du Père, et du Fils, et du Saint-Esprit, je vous pardonne tous vos péchés. »

Le pénitent répond : « Amen. »

Le prêtre peut alors ajouter :

« Que la passion de Jésus Christ notre Seigneur, l'intercession de la Vierge Marie et de tous les saints, tout ce que vous ferez de bon et supporterez de pénible contribue au pardon de vos péchés, augmente en vous la grâce pour que vous viviez avec Dieu. »

Le prêtre signifie la fin de la rencontre pour une formule d'envoi :

« Allez dans la paix du Christ. »

Le pénitent se retire. Il peut alors se recueillir quelques instants pour :

• rendre grâce à Dieu pour le sacrement qu'il vient de recevoir ;

• demander au Seigneur de pardonner les éventuelles imperfections de sa confession ;

• accomplir dès que possible la pénitence ;

• réfléchir aux conseils et avis du confesseur pour bien les graver dans son cœur ;

• formuler les résolutions opportunes.

ANNEXE II

NEUVAINE À LA DIVINE MISÉRICORDE

Cette neuvaine commence le Vendredi saint, accompagnée du chapelet à la Divine Miséricorde. Cependant, elle peut être méditée dans toutes les circonstances importantes de la vie.

PREMIER JOUR

Aujourd'hui, amène-moi l'humanité entière, spécialement tous les pécheurs, et immerge-les dans l'océan de ma miséricorde. Tu me consoleras ainsi dans cette amère tristesse dans laquelle me plonge la perte des âmes. (1210.)

Très miséricordieux Jésus, dont le propre est d'avoir pitié de nous et de nous pardonner, ne regarde pas nos péchés, mais la confiance que nous avons en Ton infinie bonté et reçois-nous dans la demeure de Ton Cœur très compatissant et ne nous en laisse pas sortir. Nous T'en supplions par l'amour qui T'unit au Père et au Saint-Esprit.

Ô toute-puissance de la miséricorde divine,
secours pour l'homme pécheur,
Tu es miséricorde et océan de pitié,
Tu viens en aide à celui qui Te prie avec humilité.

Père éternel, jette un regard de miséricorde sur toute l'humanité enfermée dans le Cœur très compatissant de Jésus, et particulièrement sur les pauvres pécheurs, et par Sa douloureuse passion, témoigne-nous Ta miséricorde, afin que nous glorifiions la toute-puissance de Ta miséricorde pour les siècles des siècles. Amen. (1211.)

Chapelet de la Miséricorde divine.

DEUXIÈME JOUR

Aujourd'hui, amène-moi les âmes sacerdotales et religieuses ; immerge-les dans mon insondable miséricorde. Elles m'ont donné la force d'endurer mon amère passion, par elles, comme par des canaux, ma miséricorde se déverse sur l'humanité. (1212.)

Très miséricordieux Jésus, de qui provient tout ce qui est bon, multiplie Tes grâces en nous, afin que nous accomplissions de dignes actes de miséricorde, pour que ceux qui nous regardent glorifient le Père de miséricorde qui est au ciel.

La source de l'amour divin
demeure dans les cœurs purs,
plongés dans la mer de la miséricorde,
rayonnante comme les étoiles,
claire comme l'aurore.

Père éternel, jette un regard de miséricorde sur ce groupe d'élus de Ta vigne, les âmes sacerdotales et religieuses, et comble-les de la puissance de Ta bénédiction, et par le sentiment du Cœur de Ton Fils, dans lequel elles sont enfermées, accorde-leur la force de Ta lumière, afin qu'elles puissent guider les autres sur les chemins du salut pour chanter ensemble la gloire de Ton insondable miséricorde pour l'éternité. Amen. (1213.)

Chapelet de la Miséricorde divine.

TROISIÈME JOUR

Aujourd'hui, amène-moi toutes les âmes pieuses et fidèles et immerge-les dans l'océan de ma miséricorde ; ces âmes m'ont consolé sur le chemin de croix, elles furent cette goutte de consolation, au milieu d'un océan d'amertume. (1214.)

Très miséricordieux Jésus, qui accordes à tous avec surabondance les grâces du trésor de Ta miséricorde, reçois-nous dans la demeure de Ton Cœur très compatissant, et ne nous en laisse pas sortir pour les siècles. Nous T'en supplions par l'inconcevable amour dont brûle Ton Cœur pour le Père céleste.

Impénétrables sont les merveilles de la miséricorde,
insondables au pécheur comme au juste,
sur tous, Tu jettes un regard de pitié,
Tu nous attires tous vers Ton amour.

Père éternel, jette un regard de miséricorde sur les âmes fidèles, héritage de Ton Fils, et par Sa douloureuse passion, accorde-leur Ta bénédiction et entoure-les de Ton incessante protection, afin qu'elles ne perdent ni l'amour ni le trésor de la sainte foi, mais qu'avec le chœur des anges et des saints elles glorifient Ton infinie miséricorde pour les siècles des siècles. Amen. (1215.)

Chapelet de la Miséricorde divine.

QUATRIÈME JOUR

Aujourd'hui, amène-moi les païens et ceux qui ne me connaissent pas encore. J'ai également pensé à eux durant mon amère passion, et leur zèle futur consolait mon cœur. Immerge-les dans l'océan de ma miséricorde. (1216.)

Très compatissant Jésus, qui es la lumière du monde entier, reçois dans la demeure de Ton Cœur très compatissant les âmes des païens qui ne Te connaissent pas encore ; que les rayons de Ta grâce les illuminent, afin qu'elles aussi glorifient avec nous les merveilles de Ta miséricorde, et ne les laisse pas sortir de la demeure de Ton Cœur très compatissant. Amen.

Que la lumière de Ton amour
illumine les ténèbres des âmes.

Fais que ces âmes Te connaissent
et qu'elles glorifient avec nous Ta miséricorde.

Père éternel, jette un regard de miséricorde sur les âmes des païens et de ceux qui ne Te connaissent pas encore, mais qui sont enfermées dans le Cœur très compatissant de Jésus. Attire-les vers la lumière de l'Évangile. Ces âmes ne savent pas combien est grand le bonheur de T'aimer ; fais qu'elles glorifient la largesse de Ta miséricorde dans les siècles des siècles. Amen. (1217.)

Chapelet de la Miséricorde Divine.

CINQUIÈME JOUR

Aujourd'hui, amène-moi les âmes des hérétiques et des apostats, et immerge-les dans l'océan de ma miséricorde ; dans mon amère passion, elles me déchiraient le Corps et le Cœur, c'est-à-dire mon Église. Lorsqu'elles reviennent à l'unité de l'Église, mes plaies se cicatrisent, et de cette façon elles me soulageront dans ma passion. (1218.)

Même pour ceux qui mirent en pièces
le manteau de Ton unité,
coule en Ton cœur une source de pitié.
La toute-puissance de Ta miséricorde, ô Dieu,
peut retirer même ces âmes de l'erreur.

Très miséricordieux Jésus, qui es la bonté même, Tu ne refuses pas la lumière à ceux qui Te la demandent. Reçois dans la demeure de Ton Cœur très compatissant les âmes des hérétiques et des apostats et attire-les par Ta lumière à l'unité de l'Église, et ne les laisse pas sortir de la demeure de Ton Cœur très compatissant, mais fais qu'elles aussi glorifient la largesse de Ta miséricorde.

Père éternel, jette un regard miséricordieux sur les

âmes des hérétiques et des apostats qui, persistant obstinément dans leurs erreurs, gaspillèrent Tes bontés et abusèrent de Tes grâces. Ne regarde pas leurs fautes, mais l'amour de Ton Fils et Son amère passion qu'il souffrit également pour elles, puisqu'elles aussi sont enfermées dans le Cœur très compatissant de Jésus. Fais qu'elles aussi glorifient Ton immense miséricorde dans les siècles des siècles. Amen. (1219.)

Chapelet de la Miséricorde Divine.

SIXIÈME JOUR

Aujourd'hui, amène-moi les âmes douces et humbles, ainsi que celles des petits enfants et immerge-les dans ma miséricorde. Ces âmes ressemblent le plus à mon Cœur, elles m'ont réconforté dans mon amère agonie ; je les voyais veiller comme des anges terrestres qui veilleront sur mes autels, sur elles je verse des torrents de grâces. Seule une âme humble est capable de recevoir ma grâce, aux âmes humbles j'accorde ma confiance... (1220.)

Très miséricordieux Jésus, qui as dit Toi-même : « Apprenez de moi que je suis doux et humble de cœur », reçois dans la demeure de Ton Cœur très compatissant les âmes douces et humbles, ainsi que celles des petits enfants. Ces âmes plongent dans le ravissement le ciel entier et sont la prédilection particulière du Père céleste, elles sont un bouquet de fleurs devant le trône divin où Dieu seul se délecte de leur parfum. Ces âmes demeurent pour toujours dans le Cœur très compatissant de Jésus et chantent sans cesse l'hymne de l'amour et de la miséricorde pour les siècles. (1221.)

L'âme véritablement humble et douce
respire déjà le paradis sur terre.
Et le parfum de son cœur humble
ravit le Créateur Lui-même. (1222.)

Père éternel, jette un regard de miséricorde sur les âmes douces et humbles, et sur les âmes des petits enfants, enfermées dans la demeure du Cœur très compatissant de Jésus. Ce sont ces âmes qui ressemblent le plus à Ton Fils, le parfum de ces âmes monte de la terre et atteint Ton trône. Père de miséricorde et de toute bonté, je T'implore par l'amour et la prédilection que Tu as pour ces âmes, bénis le monde entier, afin que toutes les âmes puissent chanter ensemble la gloire de Ta miséricorde pour l'éternité. Amen. (1223.)

Chapelet de la Miséricorde divine.

SEPTIÈME JOUR

Aujourd'hui, amène-moi les âmes qui honorent et glorifient particulièrement ma miséricorde et immerge-les dans ma miséricorde. Ces âmes ont le plus vivement compati aux souffrances de ma passion et ont pénétré le plus profondément dans mon esprit. Elles sont le vivant reflet de mon Cœur compatissant. Ces âmes brilleront d'un éclat particulier dans la vie future, aucune n'ira dans le feu de l'enfer, je défendrai chacune d'elles en particulier à l'heure de la mort. (1224.)

Très miséricordieux Jésus, dont le Cœur n'est qu'amour, reçois dans la demeure de Ton Cœur très compatissant les âmes qui honorent et glorifient particulièrement la grandeur de Ta miséricorde. Ces âmes sont puissantes de la force de Dieu Lui-même ; au milieu de tous les tourments et contrariétés, elles avancent confiantes en Ta miséricorde ; ces âmes sont unies à Jésus et portent l'humanité entière sur leurs épaules. Ces âmes ne seront pas jugées sévèrement, mais Ta miséricorde les entourera au moment de l'agonie.

L'âme qui célèbre la bonté de son Seigneur
Est tout particulièrement aimée de Lui.

Elle est toujours proche de la source vive,
Et puise les grâces en la miséricorde divine.

Père éternel, jette un regard de miséricorde sur les âmes qui glorifient et honorent Ton plus grand attribut, c'est-à-dire Ton infinie miséricorde, qui sont enfermées dans le Cœur très compatissant de Jésus. Ces âmes sont un vivant Évangile, leurs mains sont pleines d'actes de miséricorde, et leur âme débordante de joie chante l'hymne de la miséricorde du Très-Haut. Je T'en supplie, mon Dieu, manifeste-leur Ta miséricorde selon l'espérance et la confiance qu'elles ont mises en Toi ; que s'accomplisse en elles la promesse de Jésus qui leur a dit : « Les âmes qui vénéreront mon infinie miséricorde, je les défendrai moi-même durant leur vie et particulièrement à l'heure de la mort, comme ma propre gloire. » (1225.)

Chapelet de la Miséricorde divine.

HUITIÈME JOUR

Aujourd'hui, amène-moi les âmes qui sont dans la prison du purgatoire et immerge-les dans l'abîme de ma miséricorde ; que les flots de mon sang rafraîchissent leurs brûlures. Toutes ces âmes me sont très chères, elles s'acquittent envers ma justice ; il est en ton pouvoir de leur apporter quelque soulagement. Puise dans le trésor de mon Église toutes les indulgences, et offre-les pour elles... Ô si tu connaissais leur supplice, tu offrirais sans cesse pour elles l'aumône de ton esprit, et tu paierais leurs dettes à ma justice. (1226.)

Très miséricordieux Jésus, qui as dit Toi-même vouloir la miséricorde, voici que j'amène à la demeure de Ton Cœur très compatissant les âmes du purgatoire, les âmes qui Te sont très chères, mais qui pourtant doivent rendre des comptes à Ta justice ; que les flots de sang et d'eau jaillis de Ton Cœur éteignent les flammes du feu du purgatoire afin que, là aussi, soit glorifiée la puissance de Ta miséricorde.

De la terrible ardeur du feu du purgatoire,
une plainte s'élève vers Ta miséricorde,
et ils connaissent consolation,
soulagement et fraîcheur,
dans le torrent d'eau à Ton sang mêlé.

Père éternel, jette un regard de miséricorde sur les âmes souffrant au purgatoire, mais qui sont enfermées dans le Cœur très compatissant de Jésus. Je T'implore par la douloureuse passion de Jésus, Ton Fils, et par toute l'amertume dont Son âme très sainte fut inondée, montre Ta miséricorde aux âmes qui sont sous Ton regard juste ; ne les regarde pas autrement que par les plaies de Jésus, Ton très cher Fils, car nous croyons que Ta bonté et Ta pitié sont sans mesure. (1227.)

Chapelet de la Miséricorde divine.

NEUVIÈME JOUR

Aujourd'hui, amène-moi les âmes froides, et immerge-les dans l'abîme de ma miséricorde. Ce sont ces âmes qui blessent le plus douloureusement mon Cœur. C'est une âme indifférente qui, au jardin des Oliviers, m'inspira la plus grande aversion. C'est à cause d'elles que j'ai dit : « Père, éloigne de moi ce calice, si telle est Ta volonté. » Pour elles, l'ultime planche de salut est de recourir à ma miséricorde. (1228.)

Très compatissant Jésus, qui n'es que pitié, je fais entrer dans la demeure de Ton Cœur très compatissant les âmes froides ; que dans ce feu de Ton pur amour se réchauffent ces âmes glacées, qui ressemblent à des cadavres et t'emplissent d'un tel dégoût. Ô très compatissant Jésus, use de la toute-puissance de Ta miséricorde et attire-les dans le brasier même de Ton amour, et donne-leur l'amour divin, car Tu peux tout.

Feu et glace ensemble ne peuvent être mêlés,
car le feu s'éteindra ou la glace fondra.
Mais Ta miséricorde, ô mon Dieu,
peut soutenir de plus grandes misères encore.

Père éternel, jette un regard de miséricorde sur les âmes froides, qui sont cependant enfermées dans le Cœur très compatissant de Jésus. Père de miséricorde, je Te supplie, par l'amertume de la passion de Ton Fils et par Son agonie de trois heures sur la Croix, permets qu'elles aussi célèbrent l'abîme de Ta miséricorde... (1229.)

Ô jour éternel, ô jour tant désiré,
je te guette avec nostalgie et impatience,
et très bientôt l'amour déchirera les voiles,
et tu deviendras mon salut.

Ô jour merveilleux, moment incomparable,
où pour la première fois je verrai mon Dieu,
l'époux de mon âme et le Seigneur des seigneurs,
je sens que l'épouvante n'étreindra point mon âme.

Ô jour très solennel, ô jour de clarté,
où l'âme connaîtra son Dieu dans Sa puissance,
et tout entière sombrera dans Son amour,
et connaîtra que les misères de l'exil sont passées.

Ô jour bienheureux, jour béni,
où pour Toi mon cœur flambera d'un feu éternel,
car je Te pressens déjà,
même si ce n'est qu'à travers des voiles.
Toi, Jésus, dans la vie et la mort,
Tu m'es ravissement et enchantement.

Ô jour que j'espère toute ma vie durant,
et je T'attends avec impatience, Seigneur,
car Toi, Tu es le seul que je désire,
Toi, l'Unique en mon cœur, le reste ne m'est rien.

Ô jour de délices, d'infinies douceurs,
mon époux, Dieu de grande majesté,
tu sais que rien ne saurait contenter le cœur d'une vierge,
sur Ton doux Cœur j'appuie mon front. (1230.)

Chapelet de la Miséricorde divine.

ANNEXE III

LE CHAPELET À LA MISÉRICORDE DIVINE

On récite les prières suivantes sur un chapelet ordinaire.

D'abord tu diras un « Notre Père », un « Je vous salue Marie » et le « Je crois en Dieu »,

Puis, sur les grains du « Notre Père », tu vas dire les mots suivants : « Père éternel, je T'offre le Corps et le Sang, l'Âme et la Divinité de Ton Fils bien-aimé, Notre Seigneur Jésus-Christ, en réparation de nos péchés et de ceux de monde entier. »

Sur les grains du « Je vous salue Marie », tu diras les mots suivants : « Par Sa douloureuse passion, sois miséricordieux pour nous et pour le monde entier. »

À la fin tu réciteras trois fois ces paroles : « Dieu saint, Dieu fort, Dieu éternel, prends pitié de nous et du monde entier. » (476.)

ANNEXE IV

INVOCATIONS À LA MISÉRICORDE DIVINE

Les invocations à la Miséricorde divine, connues aussi sous le titre de «Litanies» ne sont pas mentionnées dans la dévotion. Elles ont été écrites par sainte Faustine. Cette prière de louange en l'honneur de la miséricorde pourra alimenter la méditation.

L'amour divin est la fleur, et la miséricorde est le fruit.

Que l'âme qui doute lise ces réflexions sur la miséricorde, et elle deviendra confiante.

Miséricorde divine, jaillissant du sein du Père, j'ai confiance en Toi.

Miséricorde divine, le plus grand attribut de Dieu, j'ai...

Miséricorde divine, mystère inconcevable...

Miséricorde divine, source jaillissant du mystère de la Très Sainte Trinité...

Miséricorde divine, insondable à tout esprit humain ou angélique...

Miséricorde divine, dont jaillit toute vie et bonheur...

Miséricorde divine, au-dessus des cieux...

Miséricorde divine, source de miracles et de merveilles...

Miséricorde divine, qui enveloppes l'univers entier...

Miséricorde divine, venue dans le monde en la Personne du Verbe Incarné...

Miséricorde divine, qui coulas de la plaie ouverte du Cœur de Jésus...

Miséricorde divine, contenue dans le Cœur de Jésus pour nous et particulièrement pour les pécheurs…

Miséricorde divine, insondable dans l'institution de la sainte Hostie…

Miséricorde divine, en l'institution de la sainte Église…

Miséricorde divine, dans le sacrement du saint baptême…

Miséricorde divine, dans notre justification par Jésus-Christ…

Miséricorde divine, nous accompagnant pendant toute la vie…

Miséricorde divine, nous enveloppant particulièrement à l'heure de la mort…

Miséricorde divine, nous donnant la vie éternelle…

Miséricorde divine, nous accompagnant à chaque instant de la vie…

Miséricorde divine, nous préservant du feu infernal…

Miséricorde divine, dans la conversion des pécheurs endurcis…

Miséricorde divine, étonnement pour les anges, inconcevable pour les saints…

Miséricorde divine, insondable dans tous les mystères divins…

Miséricorde divine, nous relevant de toute misère…

Miséricorde divine, source de notre bonheur et de notre joie…

Miséricorde divine, nous appelant du néant à l'existence…

Miséricorde divine, englobant toutes les œuvres de Ses mains…

Miséricorde divine, couronnant tout ce qui existe et existera...

Miséricorde divine, en laquelle nous sommes tous plongés...

Miséricorde divine, doux apaisement des cœurs tourmentés...

Miséricorde divine, seul espoir des âmes désespérées...

Miséricorde divine, repos des cœurs, paix au milieu des frayeurs...

Miséricorde divine, délices et merveille des âmes saintes...

Miséricorde divine, éveillant la confiance contre tout espoir... (949.)

Ô Dieu éternel, dont la miséricorde est insondable et le trésor de pitié inépuisable, jette sur nous un regard bienveillant et multiplie en nous Ta miséricorde pour que dans les moments difficiles nous ne désespérions ni ne perdions courage, mais que nous nous soumettions avec grande confiance à Ta sainte volonté qui est l'amour et la miséricorde même. (950.)

Bibliographie

Sœur Marie Faustine KOWALSKA, *Petit Journal*, traduction sous la direction de l'Apostolat de la Miséricorde divine (Missionnaires pallottins), Éditions du Dialogue, 25, rue Surcouf, 75007 Paris, 1997.

JEAN-PAUL II, Lettre encyclique *Dives in misericordia*, sur la Miséricorde divine.

Maria WINOWSKA, *L'Icône du Christ miséricordieux. Message de sœur Faustine*, Éd. Saint-Paul, 1984.

Xavier LÉON-DUFOUR, *Vocabulaire de théologie biblique*, Éd. du Cerf, 1995 (8e éd.).

Table des matières

NOTES PERSONNELLES

NOTES PERSONNELLES

NOTES PERSONNELLES

NOTES PERSONNELLES

NOTES PERSONNELLES

NOTES PERSONNELLES

NOTES PERSONNELLES

NOTES PERSONNELLES

NOTES PERSONNELLES

NOTES PERSONNELLES

NOTES PERSONNELLES

NOTES PERSONNELLES

NOTES PERSONNELLES

NOTES PERSONNELLES

NOTES PERSONNELLES

NOTES PERSONNELLES

NOTES PERSONNELLES

NOTES PERSONNELLES

Achevé d'imprimer sur rotative
par l'Imprimerie Darantiere à Dijon-Quetigny
en mars 2008

Dépôt légal : avril 2003
N° d'impression : 28-0393

Imprimé en France